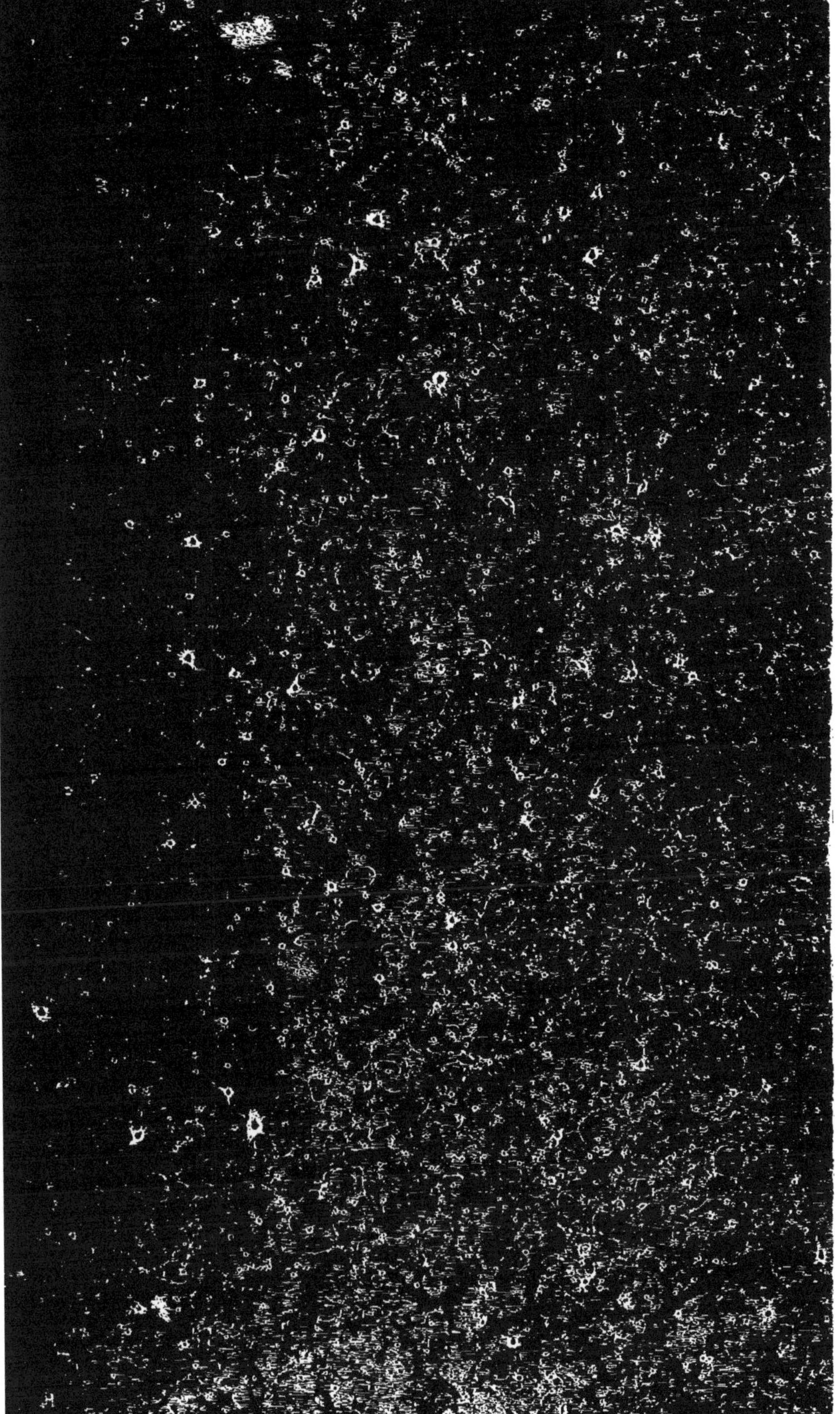

PRÉCIS

HISTORIQUE

DE LA GUERRE D'ESPAGNE

ET DE PORTUGAL.

DE L'IMPRIMERIE DE MADAME VEUVE JEUNEHOMME,
rue Hautefeuille, n° 20.

PRÉCIS
HISTORIQUE
DE LA GUERRE D'ESPAGNE
ET DE PORTUGAL,
DE 1808 A 1814;

CONTENANT la réfutation des ouvrages de MM. SARRAZIN et Alphonse DE BEAUCHAMPS,

AVEC DES DÉTAILS SUR LA BATAILLE DE TOULOUSE.

Par AUGUSTE CAREL,
CHEF DE BATAILLON, CHEVALIER DE LA LÉGION D'HONNEUR.

Citer les faits, c'est louer les héros.
THOMAS, *Éloge de Duguai-Trouin.*

PARIS,

CHEZ
MADAME Ve JEUNEHOMME, rue Hautefeuille, n° 20.
DELAUNAY, LIBRAIRE, Palais-Royal.
PLANCHER, rue Serpente, n° 14.

1815.

La déclaration de cet ouvrage fut faite à la censure le 10 février 1815, et M. Royer Collard en accusa le récépissé le 18 du même mois.

Les exemplaires ayant été déposés conformément à la loi, je poursuivrai les contrefacteurs.

INTRODUCTION.

L'HISTOIRE des guerres nationales et la vie des grands capitaines sont d'un intérêt général pour tous les esprits. C'est dans les annales des peuples qui se sont faits remarquer sur la scène du monde, c'est dans l'étude de leurs vertus et de leurs vices que les peuples modernes puisent des exemples salutaires qui les préservent de grandes fautes et de grands désastres. Les actions des hommes illustres sont, pour la postérité, des leçons utiles de conduite politique et privée; on y apprend à mieux juger les choses et les hommes; art profond et difficile, qui demande de longues méditations.

L'histoire ennoblit une nation, elle ennoblit aussi les individus. Elle redit les hauts faits et la valeur des guerriers, elle porte leurs noms à la postérité. Elle enflamme l'imagination d'une jeunesse ardente jalouse d'affronter les périls qui l'attendent dans la carrière de l'honneur, et de se vouer à la défense de l'État et du Prince.

Pour écrire l'histoire, il faut surtout se défendre de passions viles, d'intérêts sordides. Il faut que l'historien soit impartial; il est même à désirer qu'il ait joué un rôle dans les scènes qu'il raconte, et il faut qu'il ait une réputation sans tache.

Nous aimons tout ce qui est extraordinaire ; nous apprécions le courage ; nous estimons dans les guerriers cette bravoure, vertu héréditaire des Français, et qui tant de fois fit trembler leurs ennemis. Cette vertu guerrière vient de paraître dans tout son éclat; en vain quelques écrivains obscurs, quelques êtres aussi méprisables que méprisés ont-ils cherché à anéantir notre gloire nationale; en vain dans leur aveuglement ont-ils proclamé que nous étions la dernière nation de l'Europe, que nous n'étions pas même braves, et que le grand capitaine qui nous conduisit à la victoire n'avait aucune connaissance militaire, qu'il ne devait ses succès qu'au hasard, ils n'ont pu en imposer. Le peuple, la nation entière est restée fidèle à l'honneur, et l'on n'a vu dans ces hommes vils que d'infâmes émissaires soudoyés par nos ennemis, qui cherchaient à égarer l'opinion et à faire rétrograder la nation.

Accorderons-nous notre confiance à un écrivain qui, revêtu d'un grade supérieur dans l'armée, se plaît à flétrir notre gloire; qui ose avouer à l'Europe qu'il vendit des plans à nos ennemis, et qu'il fut satisfait de voir couler notre sang; qui, aveuglé par l'orgueil et la mauvaise foi, calomnie nos meilleurs généraux; qui, d'après l'opinion publique, n'a déserté du camp de Boulogne, où il commandait, que parce qu'il n'obtint pas le titre de Baron qui flattait sa vanité; enfin estimerons nous un homme qui, d'abord destiné à la vie paisible du cloître, ensuite jeté dans les camps, devint tour à tour français ou anglais suivant ses intérets et se fit un jeu de changer de patrie selon les partis qui l'ont payé?

Cet homme prend la plume. Il écrit: est-ce sa confession qu'il va faire? Va-t-il nous avouer ses erreurs? Va-t-il, nouvel Augustin, rentrer dans la vie austère et tranquille qu'il n'eût dû jamais quitter? Non, l'heure du repentir n'est pas encore arrivée. Cet homme, non content de s'être attiré le blâme, insulte à ses concitoyens; il va dénaturer les faits, il va les controuver; il ose attaquer la réputation des hommes distingués, des guerriers célèbres qui ont illustré notre patrie.

Ne pourrait-on pas lui dire : Vous vous avez déserté le camp de Boulogne; était-ce par attachement pour votre patrie, vous qui avouez avoir vendu des plans au ministère anglais, et qui êtes assez modeste pour ne les estimer que vingt-quatre mille livres sterling? Ne pourrait-on pas lui dire: En 1792 les opinions étaient partagées, il y avait deux classes d'hommes; quelle était votre opinion, vous qui avez osé quitter les ordres sacrés et renier votre Dieu? Ne pourrait-on pas lui dire : Qui répondra à la Nation de votre foi, de votre loyauté? Qui lui assurera qu'à la moindre contrariété, au moindre accès d'amour propre, vous ne serez pas prêt à les enfreindre et à redevenir transfuge?

Je ne connais pas l'auteur de la *Guerre d'Espagne*, je ne l'ai jamais vu; son ouvrage a provoqué l'indignation de tous les militaires; tous ont vu avec peine un général, né français, se faire le panégyriste d'une nation assez grande par elle-même pour n'avoir pas besoin d'un pareil auxiliaire. Le silence était peut-être la meilleure réponse; il lui aurait montré combien nous étions au-dessus de ses attaques : si je le réfute, c'est pour cette partie du public, toujours confiante, qui croit un auteur sur sa parole.

C'est à vous, chefs distingués qui, dans cette campagne, avez acquis une nouvelle gloire; c'est à vous, mes compagnons d'armes, braves guerriers de tout grade, que je dédie cette réfutation.

La guerre d'Espagne eut quatre époques distinctes: je la diviserai en quatre parties; je releverai toutes les erreurs de l'ouvrage que j'examine, j'écrirai sans partialité. Français et soldat, je suis doublement disposé à rendre justice au mérite et à la valeur, même dans les hommes que naguère les lois de mon pays me faisaient regarder comme ennemis.

Pour vous, littérateurs, écrivains, qui avez passé une partie de votre vie laborieuse à étudier l'arrangement des mots, la symétrie des phrases et les secrets du style, je réclame votre indulgence. Militaire par goût, j'habite les camps depuis dix ans et j'écris comme je pense. C'est à titre de bon Français et d'homme d'honneur, plutôt qu'à titre d'écrivain, qu'il me sera doux d'obtenir l'estime de mes compatriotes.

PRÉCIS HISTORIQUE

DE

LA GUERRE D'ESPAGNE.

LIVRE PREMIER.

La guerre d'Espagne fera époque dans les annales du monde. Elle étonna l'Europe, réveilla le génie et l'ardeur d'une nation énervée, et imprima un nouveau mouvement aux esprits; elle apprit aux peuples ranimés, que les Français, jusqu'alors la terreur de l'Europe, pouvaient être vaincus par un nouveau système de défense, système affreux, puisqu'il détruit toutes les ressources d'un pays, et qu'il ne repose que sur l'incendie et la dévastation.

En 1807, l'Empereur Napoléon voyait avec

peine que la guerre continentale qu'il venait de terminer n'avait pu détruire la puissance et le commerce anglais. Ce monarque guerrier voyait avec anxiété le pavillon anglais flotter sur toutes les mers ; il regardait Lisbonne comme l'entrepôt général du commerce d'Albion ; et il désirait ardemment cette conquête. Le 26 octobre 1807, la cour de Madrid approuva le traité de Fontainebleau. Le général Junot pénétra en Espagne à la tête de vingt-cinq mille hommes ; vingt mille Espagnols devaient servir comme auxiliaires. Le 30 novembre, il entra dans Lisbonne, évacuée la veille par le prince-régent.

Dans le même temps, une armée de quarante-cinq à cinquante mille hommes se réunissait près des Pyrénées : ce corps était composé de légions formées à Versailles, Grenoble, etc. ; les soldats étaient des conscrits levés pendant l'hiver, à peine formés, mal habillés, et qui n'avaient de soldats que le nom. Les officiers qui commandaient les compagnies étaient pour la plupart des officiers rappelés depuis peu de l'inaction d'une longue retraite, ou des jeunes gens sortis de l'Ecole militaire; telles furent les troupes avec lesquelles la France tenta la conquête de l'Espagne. Bien loin de faire respecter le nom français, elles ne pouvaient que détruire la réputation que nos armes s'étaient acquise.

L'enlèvement de Ferdinand VII, la haine des moines et l'affaire du 2 mai, où le prince Murat, provoqué par la multitude exaspérée, se vit contraint de repousser la force par la force, animèrent tous les esprits, et nous firent des ennemis acharnés des nobles et des prêtres qui craignaient de perdre leurs nombreux privileges (1).

---

(1) En parlant de l'affaire du 2 mai, l'auteur de la *Guerre d'Espagne* dit : « Le pillage fut immense, et le » massacre horrible ; cette journée coûta la vie à dix » mille Espagnols, la plupart égorgés sans défense, » lorsqu'ils imploraient la clémence du vainqueur. »

Nous étions maîtres de Madrid : le gouvernement provisoire s'établit à Séville. Là se forma cette junte qui rendit de si grands services à l'Espagne, et qui vient de voir ses membres châtiés si rigoureusement. Castanos fut nommé général en chef de l'armée d'Andalousie. Cette armée comptait peu de troupes aguerries. Avant la révolution le pouvoir du roi était borné; la milice monacale était plus nombreuse que les troupes réglées. Une procession avait plus de puissance sur les esprits que l'appareil militaire.

Le maréchal Moncey fut détaché de Ma-

Je demande aux Espagnols mêmes si ce fait est vrai. La révolte du 2 mai fut terrible ; le peuple, armé, parcourait les rues, il assassinait tout ce qui portait uniforme. Certes il fallut toute la modération française pour arrêter un tel soulèvement ; nos jeunes soldats étaient incapables de tenir la conduite que leur suppose gratuitement M. Sarrazin. Ils n'étaient, comme je l'ai déjà dit, soldats que de nom.

drid; il tâcha de s'emparer de Valence. Cette entreprise manqua, elle ne pouvait réussir. Le maréchal n'avait que quinze mille soldats. Valence, outre sa population, avait une garnison de huit mille hommes. Les habitans de cette grande ville signalèrent leur patriotisme par des cruautés; ils assassinèrent les étrangers, fils et arrière-petits-fils des Français qui s'y trouvaient établis depuis des siècles (1). Tristes effets des révolutions où le peuple espagnol, livré à son naturel féroce, n'écoute que la vengeance et reste sourd à la voix de l'honneur!

Le général Dupont reçut l'ordre d'aller s'emparer de Cadix. Les funestes résultats de cette opération malheureuse sont trop connus pour que je me permette d'en parler. La mésintelligence des chefs occasiona une perte irréparable; et l'on apprit avec étonnement qu'une armée française, commandée par un chef jus-

(1) Fait que M. Sarrazin n'a pas cru devoir rapporter, tant est grande la bonne foi de cet écrivain.

qu'alors habile, s'était vue coupée et forcée de se rendre prisonnière. Le traité fait avec les Espagnols ne fut pas observé. Les malheureux prisonniers, dépouillés, maltraités, allèrent respirer l'air infect des pontons; insultés par la multitude, ils souffrirent tout ce que l'imagination peut créer de plus horrible et de plus affreux. Un grand nombre périt de faim et de misère.

Le général Cuesta, dans le nord de l'Espagne, n'obtint pas un pareil succès. Le maréchal Bessières commandait une armée à peine forte de quatorze mille hommes. Il apprit que Cuesta marchait sur lui, il fut à sa rencontre. L'ennemi, fort de près de cinquante-six mille combattans, fut rencontré près de Rio-Seco; il fut attaqué de suite avec vigueur. Les gardes walonnes et quelques vieux régimens résistèrent; mais elles furent culbutées après six heures d'un combat opiniâtre. L'armée de Cuesta fut mise en déroute et dipersée sur tous les points. Je dois relater un fait qui donnera une idée du caractère espagnol et de la guerre cruelle que les Français soutinrent. On trouva une quantité considérable de cordes et de fers que les soldats espagnols avaient rassemblés d'avance pour enchaîner les prisonniers. En entrant dans Rio-Seco on eut un siége à soutenir; les moines et les paysans faisaient un feu continuel par les fenêtres des maisons; ils tuaient ou blessaient tout ce qui paraissait dans les rues (1).

Pendant que ces choses se passaient dans le nord de l'Espagne, un corps d'armée faisait le siége de Saragosse; on cherchait par la persuasion et la douceur à s'emparer de cette ville, qui n'est pas fortifiée. Les habitans n'écoutèrent aucune proposition, ils réveillèrent le sou-

(1) M. Sarrazin, étonné de la victoire de Rio-Seco, et ne voulant pas convenir qu'elle fut due à l'intrépidité française, emploie vingt pages de verbiage à moraliser Cuesta. Ah! le grand homme! avec quelle adresse il prévoit les événemens après qu'ils sont arrivés!

venir des Sagontins, défendirent pied à pied leur terrain. Les événemens arrivés en Andalousie firent lever le siége.

Le maréchal Bessières, après la victoire de Rio-Seco, marcha sur Léon; il s'empara de cette ville et se dirigea sur Astorga. Il était près d'y arriver, lorsqu'il fut instruit du désastre de l'armée française en Andalousie. Il se retira sur-le-champ, craignant avec juste raison d'être coupé.

Notre armée se concentra à Burgos. Les maladies qui régnaient à cette époque étaient cruelles et contagieuses.

A peine restait-il par compagnie douze à quinze hommes. On envoya des médecins de l'intérieur de la France. On fut surpris de les voir juger que l'eau causait une espèce de dysenterie, tandis que toute l'armée savait que cette maladie ne provenait que du raisin vert sur lequel les soldats se jetaient avec avidité, de la mauvaise nourriture et de l'humidité des bivouacs.

Cependant les Anglais n'étaient pas restés spectateurs impassibles de ces événemens; ils désiraient profiter de la nouvelle lutte où la France allait se trouver engagée. Eux-mêmes avaient fomenté les dissentions qui s'étaient élevées entre le roi d'Espage et son fils. Ils jugaient sagement qu'ils allaient causer à la France une guerre cruelle, et qu'il leur serait facile de tirer parti de l'exaspération des Espagnols. Ce pays pouvait servir de débouché à leur commerce et aux produits de leur industrie; ils espéraient faire acheter aux habitans les draps de leurs fabriques, leur poudre et leurs fusils. Ainsi l'or du Mexique pouvait passer entre les mains de ces négocians habiles et intéressés; par-là ils se créaient de nouvelles ressources pour alimenter la guerre continentale, et ils conservaient l'espoir de détruire la puissance colossale de leur terrible adversaire.

Sir Arthur Wellesley débarqua le 1er août 1808 dans la baie de Mondego. Il commandait vingt-quatre mille hommes. Le général

Spencer, parti de Cadix, le joignit avec cinq mille; il s'y réunit bientôt six mille Portugais. L'armée française en Portugal comptait à peine quinze mille combattans. Le reste payait tribut au climat du pays, et des maladies contagieuses avaient anéanti le physique et le moral du soldat. Ce fut dans de pareilles circonstances que le chef anglais nous attaqua. Le général Laborde, qui commandait l'avant-garde du corps français, se couvrit de gloire; il défendit le terrain pied à pied, et se retira en ordre, quoiqu'attaqué par des forces quadruples. Sir Arthur réunit toute son armée et prit position sur les hauteurs de Lourinha.

Junot osa l'attaquer, il échoua. Il était au-dessus des forces humaines de pouvoir réussir; les hauteurs de Lourinha étaient inaccessibles, elles étaient hérissées de trois cents pièces d'artillerie, et défendues par des forces triples. Le général français jugeant la position imprenable et tous les efforts de ses braves infructueux signa, le 30 août 1808, la convention de Cintra. Toutes les troupes françaises devaient être transportées en France, ainsi que les chevaux et l'artillerie.

Cette convention fut vivement blâmée en Angleterre. En effet, sir Arthur ne tira point parti de la circonstance; il commandait quarante mille hommes; le duc d'Abrantès n'en avait que quinze mille éloignés de leur patrie; sachant par les paysans que toute l'Espagne était en insurrection, ils se croyaient perdus. Tout fait donc présumer que, si le général anglais eût attendu quelques jours, Junot était contraint de se rendre, lui et son armée.

Les désastres arrivés à l'armée d'Andalousie apprirent à l'empereur que des rapports mensongers le trompaient sur la situation de l'Espagne; il sentit que de faibles légions n'étaient pas suffisantes pour conquérir la péninsule. Il s'aperçut, mais trop tard, que le prince de la Paix, don Godoy, l'avait abusé et qu'il ne lui avait pas peint le caractère des Espagnols. Mais ayant appris que les Anglais avaient eu des succès en Portugal, il persista dans sa conquête, et s'étant assuré des intentions de l'empereur de Russie dans l'entrevue d'Erfurth, il fit marcher en Espagne les nombreuses troupes stationnées en Allemagne.

Concentrés dans la Castille, les soldats attendaient leurs frères d'armes avec impatience; ils désiraient vivement, en vengeant l'affront de Baylen, faire repentir les Espagnols de leur arrogance. Accoutumés à obéir, ils ne calculaient pas les chances de la guerre. Ils espéraient battre les insulaires, remporter de nouveaux succès, les chasser du continent, et par la victoire conquérir la paix.

Les renforts désirés arrivèrent enfin dans le courant de novembre. L'empereur prit le commandement en chef de l'armée et dirigea les colonnes sur Burgos.

Le 10 novembre on rencontra l'ennemi; il était appuyé à un petit bois qui se trouve une lieue en avant de Burgos. Il fut abordé franchement, baïonnette en avant; en même temps le canon porta la terreur et le désordre dans ses masses, elles fléchirent. La cavalerie s'aperçut d'un moment d'hésitation; elle chargea à propos; l'ennemi fut culbuté, il prit la fuite dans le plus grand désordre. On le poursuivit en se dirigeant sur Sant-Ander par Reynosa. Le maréchal espérait couper l'armée de Blacke, que le maréchal Victor venait de battre à Spinosa. Il y eut deux combats dans cette ville. M. le maréchal duc de Dantzick, qui se trouvait à Durango, vint prendre le commandement de l'armée; il battit Blacke et le poursuivit jusqu'en Castille.

Le maréchal Soult laissa le général Bonet avec la division qu'il commandait dans la province de Sant-Ander. Ce général sut se concilier l'affection des habitans; il les gouverna avec tant de sagesse que, reconnaissans de ses soins, ils lui firent présent d'une épée d'or, portant cette inscription : *La ville de Sant-Ander reconnaissante au général Bonet, son libérateur.*

De Sant-Ander, l'armée gagna la province de Léon, en passant par Potès, capitale du Lhebana. Ses montagnes élevées sont une chaîne des Pyrénées; elles sont constamment couvertes de neiges. Il n'y a point de chemins praticables; à peine y voit-on quelques sentiers. Placées au centre des provinces des Asturies, de Sant-Ander, de Léon et de Castille, elles servirent de refuge aux premiers bandits qui prirent le nom de *guérillas*.

L'armée d'Estramadure n'existait plus; celle dite de Galice avait été anéantie; restait encore l'armée d'Andalousie aux ordres de Castanos. Cette armée, fière des succès de Baylen, avait donné une grande impulsion aux esprits; il était nécessaire de faire voir que ses triomphes n'avaient été que momentanés, disons mieux, qu'elle ne les devait qu'au peu d'harmonie qui régnait parmi nos généraux.

Le 23 novembre, l'empereur fit attaquer Castanos retranché à Tudela; il fut forcé dans cette position, et il se retira en désordre sur

Madrid. Le 30, la position de Sommo-Sierra fut enlevée de suite. Les Espagnols, à la vue des lanciers polonais et de leurs petits drapeaux rouges et blancs, eurent une telle épouvante, qu'ils se sauvèrent à la débandade, laissant toutes les pièces dans les retranchemens (1).

Le 4 décembre, Madrid se rendit; l'élite des troupes y entra, le reste fut cantonné aux environs. L'armée prit quelque repos, afin d'être en état de lutter avec les Anglais et de poursuivre ses avantages.

Après avoir organisé le Portugal selon leurs vues, nos rivaux avaient envoyé une armée en Espagne. Cette armée était commandée par sir John Moore, officier distingué, et qui jouissait d'une grande réputation. Le 20, après

---

(1) M. Sarrazin, avec sa véracité ordinaire, prétend que les Espagnols tinrent ferme et que les retranchemens ne furent emportés que par le nombre. Il est de fait que, dans cet affaire, nous n'eûmes pas vingt hommes à regretter, et que nous aurions dû en perdre deux mille.

plusieurs marches, ce général réunit son armée à Mayorga. Le maréchal Soult avait son quartier-général à Saldagna ; son avant-garde était à Sahagun, à sept lieues de Mayorga. Ce fut dans cette ville que sir Moore apprit les défaites des Espagnols. Ne pouvant plus compter sur ses alliés, et trop faible pour résister seul aux Français, il se retira sur Benavente. Il fut aussitôt suivi par le corps du duc de Dalmatie, qui s'établit à Manzilla, à trois lieues de Léon (1).

Sir Moore continua sa retraite, et de Benavente se rendit à Astorga. Le maréchal Soult

---

(1) L'auteur de la *Guerre d'Espagne*, en nous apprenant que lord Paget, avec toute sa cavalerie, battit les chasseurs de la garde, est trompé par la mauvaise foi. Le général Lefebvre-Desnouettes, emporté par son ardeur et son courage, culbuta six escadrons anglais et essuya quelques pertes ; mais il sortit victorieux, quoiqu'il eût à combattre des forces dix fois plus grandes que ne l'était sa petite troupe. M. Sarrazin se trompe étrangement, quand il avance

le suivit de près. La ville d'Astorga était fortifiée, elle pouvait résister long-temps, elle se rendit à l'avant-garde.

Le 3, cette avant-garde, aux ordres du général Colbert, officier d'un grand mérite, atteignit l'ennemi à Cacabella : ce général, n'écoutant que son courage, précipita sa cavalerie dans un terrain montagneux, peu favorable, où les tirailleurs ennemis pouvaient facilement s'embusquer. Au moment où il dirigeait une charge, et culbutait la troupe qui lui était opposée, il fut atteint d'une balle, et tomba roide mort. L'armée entière regretta ce brave général, ayant à peine six lustres, et doué de toutes les qualités qui forment l'homme de guerre et l'homme de société.

Le 5 janvier, le général anglais, informé par

---

que nous vîmes avec plaisir que nos frères d'armes avaient été battus. Un pareil sentiment est étranger au caractère français, et le déserteur de Boulogne nous juge d'après son cœur.

ses espions, qu'il n'était poursuivi que par le corps du maréchal Soult, bien plus faible que l'armée qu'il commandait, s'arrêta à Lugo, et parut désirer d'en venir aux mains. Il prit la position de Castros, la droite appuyée à la rivière de Tambaja, qui passe à Lugo, et qui n'est pas guéable. Le duc de Dalmatie ne l'attaqua point, attendant des renforts. Il se contenta de faire faire toute la journée un feu très-vif d'artillerie, et de manœuvrer par la gauche. Il était dans l'intention d'attaquer le 9; mais l'armée anglaise continua sa retraite. Le même jour, l'avant-garde, composée de quelques régimens et du 3e hussard, s'empara de plusieurs voitures de bagages et de quelques pièces d'artillerie.

Le 11, sir Moore prit position sur les hauteurs en avant de la Corogne. Le 12, les deux armées se trouvèrent en présence; mais l'armée anglaise ne dut être attaquée que le 15, l'artillerie n'ayant pu suivre les colonnes, et ne pouvant passer le pont de Burgo que l'ennemi avait fait sauter. Les divisions Merle et Mermet occupèrent les hauteurs de Villaboa, où se trouvait l'avant-garde ennemie qui fut attaquée et culbutée.

Le 16, à trois heures après-midi, M. le maréchal ordonna l'attaque. Pressés vigoureusement par nos troupes, les Anglais se défendirent avec courage. On se battit de part et d'autre avec acharnement. Sir Moore fut atteint d'un coup mortel, au moment où il ralliait une colonne mise en déroute. Sa mort ralentit la vivacité de la défense; les Anglais lâchèrent pied, on leur prit vingt officiers, trois cents hommes et quatre pièces de canons. Le combat dura jusqu'à la nuit.

Le général Hope prit le commandement de l'armée anglaise; il suivit les instructions qu'avait données le malheureux sir Moore. L'armée anglaise s'embarqua pendant la nuit (1).

---

(1) L'observateur impartial, dit M. Sarrazin, sera forcé de convenir que, « dans le cours de cette

Les habitans de la Corogne voyant fuir leurs alliés se rendirent au maréchal français. Le 24, les autorités du Férol lui portèrent les clefs de leur ville. A peine cette conquête était-elle terminée, que le corps qu'il commandait fut remplacé par celui du duc d'Elchingen. Le duc de Dalmatie ayant réuni ses forces marcha sur le Portugal.

Le 6 mars, il passa le pont de Minho à Orenzée ; il battit à Juzo et à Allaritz, près de

---

» campagne, sir John et l'armée anglaise ont riva» lisé de science et de bravoure sur les troupes et » les lieutenans de Bonaparte, dont les succès ne » furent dus qu'à leur supériorité en nombre. » L'observateur impartial reconnaîtra, au contraire, que les Anglais se retirèrent à propos ; il dira qu'à la Corogne ils se battirent avec vigueur ; il conviendra qu'une armée, à l'aspect des bâtimens prêts à la transporter dans sa patrie, doit être bien animée; il avouera enfin que, bien loin d'être supérieurs en nombre, les Français n'étaient même pas à nombre égal. Tel est le langage de la vérité.

Monterey, le corps de la Romana; il lui fit deux mille prisonniers, et le chassa jusqu'au Val d'Orez.

Le 13 mars, après trois jours de capitulation, le duc de Dalmatie s'empara de Chavès. Le 16, il marcha sur Draga. L'ennemi, qui était en position sur les hauteurs, fut attaqué le 19; il fut chassé, perdit toute son artillerie, près de six mille hommes, et se retira en désordre sur Oporto.

Le 24 mars, le maréchal Soult dirigea sa marche sur Oporto, où toutes les troupes portugaises et les paysans insurgés se trouvaient réunis dans un camp retranché, flanqué de redoutes et défendu par une nombreuse artillerie.

Deux jours entiers se passèrent en escarmouches; les voltigeurs formant l'avant-garde parvinrent à s'établir à l'abri du canon.

Le 29 mars, le duc de Dalmatie fit attaquer le camp retranché qui couvrait la ville. La victoire ne fut pas un instant douteuse. Les

Français s'élancèrent sur les Portugais avec une si grande ardeur, que ceux-ci n'eurent pas le temps de se reconnaître; ils furent chassés de toutes leurs positions; plus de dix mille hommes furent tués ou pris, et l'ennemi perdit toute son artillerie de siége et de campagne. Ainsi Oporto, quoique défendue par cinquante mille hommes de milices portugaises, par une artillerie nombreuse et par de bons retranchemens, fut prise d'assaut le 29 mars. Le maréchal français empêcha le pillage; il se concilia l'affection des habitans par ses mesures prévoyantes et pleines d'humanité, et sut se faire généralement estimer, même des plus acharnés ennemis du nom français.

Pendant que ces choses se passaient dans le nord et le sud de l'Espagne, la Catalogne se soumettait, et le général Gouvion-Saint-Cyr obtenait de grands avantages sur Reding. Il le forçait dans son camp retranché de Lobregat, et s'emparait de Tarragone.

Le duc de Dantzick battait l'ennemi sur le

Tage ; il passait le pont d'Almanaraz, chassait les Espagnols de leur position et leur prenait quatre pièces de canons et cinq cents hommes.

Le duc de Bellune détruisait l'armée de Vénégas. Le 13 janvier 1809, l'armée ennemie fut totalement anéantie ; les Français se couvrirent de gloire, ils marchèrent sur les Espagnols baïonnette en avant, les culbutèrent sur tous les points et leur prirent douze mille hommes, trente drapeaux et toute leur artillerie. La campagne de 1808 se termina par la soumission de la Galice, que M. le duc de Dalmatie eut la gloire de conquérir, et qui fut pacifiée par le duc d'Elchingen. Si les habitans reprirent ensuite les armes, on aurait tort de croire que ce fut à cause des mauvais traitemens qu'ils essuyèrent des Français. La présence du marquis de la Romana, les proclamations de la junte et les exhortations des prêtres, puissans chez ce peuple fanatique, et qui prêchaient le meurtre et l'assassinat, réveillèrent seules la cupidité des paysans.

La guerre d'Espagne paraissait terminée. Nous occupions une partie de la péninsule; le reste n'attendait que le moment de se soumettre. Flottans entre la crainte et le devoir, les habitans désiraient avoir les honneurs de la défense, lorsque la nouvelle guerre suscitée par l'Autriche réveilla leur courage; le départ de la garde impériale augmenta leurs espérances; ils s'avouèrent accablés, mais non vaincus, et coururent de nouveau aux armes pour tenter le sort des combats.

Les nobles et les prêtres firent circuler dans toutes les provinces des adresses et des proclamations; ils calomniaient les Français, ils invitaient le peuple *à morir por el rey Fernando, por la patria e la religion.* On donna aux paysans une nouvelle méthode de faire la guerre. Le marquis de la Romana fit, le premier, paraître l'écrit intitulé *Appel aux Espagnols;* il contenait les préceptes suivans:

1º Lorsqu'un détachement français paraîtra

toutes les cloches sonneront, afin de prévenir les habitans qui se réfugieront dans les montagnes;

2° On aura soin de ne laisser, dans les maisons, des vivres d'aucune espèce; ils seront cachés avec soin dans les bois;

3° Si les habitans voient qu'ils ne peuvent s'opposer à une invasion, ils détruiront leur récolte, et même leur demeure, et ils se réfugieront dans le pays qui ne sera pas occupé par l'ennemi;

4° Si l'ennemi veut s'établir à poste fixe, le village sera brûlé;

5° Les tirailleurs suivront les colonnes ennemies, ils arrêteront tout ce qui s'écartera ou restera en arrière; ils recevront une marque distinctive, et une récompense pour chaque tête, etc. etc.

Ce réglement était divisé en vingt-quatre articles; ceux que je viens de rapporter sont les plus modérés: qu'on juge des autres!

Les écrits incendiaires de La Romana et de

la junte produisirent un funeste effet sur l'esprit des Espagnols. Ce peuple, encore dans l'enfance des arts et de la civilisation, se laissa égarer par les moines et quelques hommes astucieux. Il ne vit plus dans les Français et dans le héros qui les gouvernait que des oppresseurs. Il chanta l'hymne de la liberté lorsqu'il combattait contre elle. Egarés par un clergé perfide, les Espagnols coururent aux armes ; ils se firent un mérite d'assassiner lâchement ceux qu'ils regardaient comme des ennemis. Le sang innocent qu'ils versèrent ne servit qu'à augmenter le despotisme de leurs maîtres et le fanatisme affreux de l'inquisition; tribunal sanguinaire dont les membres, n'appartenant à aucune classe de la société, étrangers à nos habitudes, le sont à la sensibilité, aux douces émotions de l'ame, et ne respirent que le meurtre et la vengeance.

FIN DU LIVRE PREMIER.

LIVRE II.

Le départ de la garde impériale et la nouvelle guerre engagée dans le Nord neutralisèrent les moyens que l'empereur avait en Espagne. Quoique battus sur tous les points, les Espagnols ne furent pas domptés; ils comparaient l'occupation de leur pays à l'invasion des Maures; ils espéraient qu'ayant chassé ceux-ci, ils parviendraient de même à secouer un joug étranger. Trop faibles, trop timides pour nous résister en rase campagne, ils adoptèrent un nouveau mode de guerroyer plus conforme à leur caractère et aux localités. Ils formèrent des bandes de guérillas, et commencèrent par attaquer, vingt-cinq contre un, de faibles détachemens ou des soldats isolés (1).

(1) Il est à la connaissance des militaires qui ont

Le siége de Saragosse continuait avec le même acharnement; les habitans prouvèrent que le fanatisme n'était pas éteint dans le cœur des Espagnols. Animés par les nobles, excités par les moines, qui représentaient les Français comme autant d'athées accourant bouleverser l'Etat et détruire la religion, ils crénelèrent leurs maisons, barricadèrent chaque rue, creusèrent de vastes et profonds souterrains. Ils souffrirent toutes les horreurs d'un siége long et meurtrier, toutes les angoisses de la famine (1).

---

suivi le cours des guerres d'Espagne, que plusieu chefs de guérillas, si révérés aujourd'hui, ont commencé leurs premiers faits d'armes sur les grands chemins.

(1) La défense de Saragosse est honorable pour le général Palafox. Le Français aime la valeur, il sait la reconnaître même dans ses ennemis. Comment se fait-il que M. Sarrazin qui, avec juste raison, loue ici les Espagnols, bientôt change de langage et attaque la réputation du brave Brennier et de la courageuse garnison qu'il commandait? Le caractère de M. Sarrazin est connu, il explique ses versatilités fréquentes.

Le 21 janvier 1809, Saragosse, ou plutôt ce qui restait de cette cité naguère si opulente, se rendit. Quinze mille hommes d'infanterie et deux mille cavaliers y furent faits prisonniers.

La campagne de 1809 s'ouvrit dans la Manche vers la fin de mars. Le 27, le général Sébastiani fut attaqué à Ciudad-Réal. L'ennemi fut dispersé et culbuté sur tous les points. On lui prit quatre mille hommes, sept drapeaux et dix-huit pièces de canons. Il fut chassé jusqu'aux montagnes de la Sierra-Morena.

Dans le même temps, le duc de Bellune gagnait la bataille de Medellin ; il battait Cuesta, lui faisait vingt mille prisonniers, lui prenait trente pièces de canons et neuf drapeaux. La division Villatte, qui formait l'avant-garde, prit une glorieuse part à cette bataille.

En Portugal, les Anglais avaient débarqué à Lisbonne de nouvelles troupes. Ils étaient dans l'intention de faire les plus grands efforts, et ils désiraient détruire la puissance que la

France venait d'acquérir. Le système continental qu'avait adopté l'empereur, en détruisant leur commerce, anéantissait leurs manufactures.

Attaqués le 11 mai, par des forces supérieures, les avant-postes français se retirèrent sur Oporto. Ils s'étaient battus toute la journée du 10 dans Albergaria-Nova, et avaient forcé l'ennemi de se replier sur ses masses.

Le 11, la petite armée de M. le maréchal Soult se concentra; elle prit position en-deçà du Duero. Dans la nuit, l'ennemi ayant réuni autant de bateaux qu'il en avait besoin, passa le bac qui se trouve entre Oporto et Villa-Nova. Le général français se porta de suite au point de débarquement; il fit attaquer les Anglais. Déjà les colonnes se repliaient en désordre, lorsque le duc de Dalmatie s'aperçut que son flanc gauche était tourné et que l'ennemi avait passé le Duero à Avintos. Craignant alors de compromettre la sûreté des braves qui se défendaient avec intrépidité, il ordonna la retraite et marcha sur Amaranthe où se trouvait le général Loison (1). Mais ce général ayant été forcé de quitter sa position, le duc de Dalmatie se jeta dans les défilés de Salamonde, seul passage qui restait libre.

La retraite d'Oporto donna un nouveau lustre à la réputation militaire du maréchal Soult; placé dans des circonstances très-épineuses, il perdit peu de monde, se battit souvent et déjoua tous les projets de l'ennemi. Il fit sa retraite par Orensée; il s'enfonça dans des chemins impraticables, il franchit des montagnes affreuses; on le trouvait partout, en tête, en queue, au centre; obligé de se frayer un passage au

(1) L'auteur de la *Guerre d'Espagne* est étonné qu'un officier ait livré un poste. Il est surpris que lord Wellesley ait pu se procurer des bateaux. Ne se rappelle-t-il pas qu'il nous a dit plus haut que tous les paysans étaient révoltés, et qu'ils avaient caché leurs barques? Est-ce bien à M. Sarrazin de s'étonner que dans une armée il y ait des transfuges?

milieu des Portugais révoltés, sa colonne était protégée par des flanqueurs qui successivement se relevaient. Embarrassé par les bagages dont il craignait que l'ennemi ne s'emparât, il donna lui-même l'exemple et fit brûler tout ce qui était superflu. C'est dans une pareille retraite que l'on reconnaît le génie de l'homme appelé à commander (1).

Le maréchal arriva assez à temps pour débloquer Lugo que Mahi attaquait avec l'armée de Galice. Heureux de se revoir après tant de souffrances, les soldats français semblaient

---

(1) Encore une fausse assertion. M. Sarrazin n'est jamais embarrassé pour augmenter nos pertes. « Soult, » dit-il, était entré en Portugal avec vingt-trois mille » hommes, il quitta ce royaume avec seize. » Le maréchal entra avec vingt mille hommes; la conquête d'Oporto et sa marche sur cette ville ne se firent pas sans combats. Trois mois de garnison firent naître des maladies. Il est donc évident que le calcul de M. Sarrazin est faux, et que les habitués du café Lhyod l'ont mal instruit.

autant de frères qui se réunissaient après une longue absence. On vit ces braves confondre leurs embrassemens, oublier les maux et les périls qu'ils avaient éprouvés, et les vifs transports de leur allégresse sincère témoignaient la reconnaissance qu'ils devaient au général leur libérateur.

Sir Wellesley ayant obligé les Français d'évacuer le Portugal, et n'ayant pas réussi dans son projet de s'emparer, avec des forces triples, du petit corps du maréchal Soult, se dirigea sur Abrantès, où il arriva le 12 juin 1809. Le maréchal Victor, informé de son arrivée, rétrograda, et prit position à Talaveyra la Reyna.

Cependant la guerre du Nord nécessitait de nombreux renforts; tous les jours il sortait de l'Espagne de nouveaux régimens. Les armées françaises se concentrèrent. On évacua l'Estramadure, la Galice et la Manche. Les maréchaux Soult et Ney se réunirent dans le royaume de Léon.

La brillante expédition des Asturies eut lieu

dans le courant de juin. Le 11, la division Bonet, à peine forte de trois mille hommes, s'empara de Sant-Ander. Balasteros et le Marquisitto, qui avaient réuni plus de douze mille fantassins et neuf cents cavaliers, furent chassés et culbutés; on leur fit trois mille prisonniers, parmi lesquels se trouvaient cent cinquante officiers. Les soldats français furent assez heureux pour pouvoir délivrer mille de leurs frères d'armes, la plupart du 6e léger. Ces malheureux avaient été pris par Mahi, à Castel-Franca; ils avaient traversé toutes les montagnes de la Galice, des Asturies et de S-Ander. Exposés à chaque instant à être assassinés par une populace effrénée, ils avaient souffert tout ce que l'imagination peut créer de plus affreux. Plusieurs d'entre eux, hors d'état de supporter de pareils traitemens, avaient l'esprit aliéné. Plus heureux que leurs amis, ils ne souffraient plus, la joie ainsi que la douleur n'avaient plus de puissance sur leur ame. Cependant ils recouvrèrent peu à peu leur raison, et sentirent combien ils étaient heureux d'être échappés à la rage des montagnards. Le 120e régiment, commandé par le colonel Gauthier, se distingua particulièrement dans cette expédition.

En Aragon, le général Suchet, qui avait pris le commandement des troupes, commençait à établir, par de brillans faits d'armes, cette réputation éclatante qui devait le mettre au rang de nos premiers généraux. Le 10 juin, il détacha du corps d'armée qui investissait Gironne, six mille hommes ; il feignit de craindre Blacke qui s'était avancé avec tout ce qu'il avait pu réunir de soldats dispersés des précédentes batailles. Le 15, celui-ci marcha sur Santa-Fé. Alors le général français l'attaqua ; cette attaque fut décisive. La ligne ennemie fut culbutée. Les Français s'emparèrent de vingt-cinq bouches à feu, de trois drapeaux et de sept cents prisonniers. L'ennemi laissa près de deux mille hommes sur le champ de bataille. Blacke se retira avec ce qu'il put rallier de troupes à Belchite, où il se retrancha, Attaqué de nouveau, le 18 juin, il fut forcé dans cette position, perdit une partie de son artillerie, et se retira sur Alcaniz.

Cependant lord Wellesley, qui prit le nom de Wellington, après avoir organisé son armée, fit sa jonction à Oroposa avec Cuesta. Il se porta sur Madrid dans l'intention de livrer bataille et de chasser les Français de la péninsule. Ce plan était habilement conçu; à peine restait-il en Espagne quatre-vingt mille combattans disséminés sur tous les points; une bataille perdue les eût rejetés au-delà des Pyrénées. Heureusement pour le roi Joseph qui, pour la seconde fois, était assis sur un trône chancelant, les alliés ne s'entendirent point. Lord Wellington refusa de coopérer avec les Espagnols; peu confiant dans leur loyauté et dans leur bravoure, il leur donna hautement des témoignages de son peu de satisfaction. Les troupes françaises se réunirent. Le roi d'Espagne sortit de Madrid, prit le commandement de l'armée, et marcha sur les alliés campés à Talavera.

Le 27 juillet, l'avant-garde anglaise, attaquée vivement, fut enfoncée; elle se replia en désordre. La canonnade s'engagea et dura tout le jour. Le 28, l'attaque fut renouvelée sur tous les points. La sinuosité du terrain, le grand nombre d'arbres qui obstruaient le passage empêchèrent l'effet de l'artillerie; la cavalerie française ne put s'engager. Maîtres des mêmes positions, les Anglais et les Français bivouaquèrent sur le même terrain. Wellington, informé que le duc de Dalmatie marchait sur ses derrières (1), et craignant de compromettre sa

---

(1) L'auteur ne donne plus vingt-trois mille hommes au maréchal, il lui en donne dix-huit. Il dit qu'il avait pris la fuite à Oporto devant seize mille Anglais. Est-ce ainsi que l'on écrit l'histoire? Où a-t-on vu dix-huit mille Français fuir devant seize mille Anglais? La retraite d'Oporto fut aussi belle qu'elle fut nécessaire. Le maréchal était éloigné de toutes communications dans un pays insurgé. A Talavera, les armées étaient réunies; et si lord Wellington n'avait,

réputation naissante, effectua sa retraite sur le Portugal, abandonnant tous ses blessés.

Le 3 août, l'armée anglaise quitta Talavera; les Anglais furent très-mécontens de leurs alliés; ils accusèrent hautement Cuesta d'ineptie, et ses troupes de lâcheté. Wellington rentra en Portugal. Le corps du duc d'Elchingen occupa Salamanque, le maréchal Soult Placentia, le maréchal Mortier Talavera de la Reina, le duc de Bellune Tolède. Le général Sébastiani, chargé de couvrir Madrid, fit une guerre active aux bandes qui commençaient à paraître.

Le 11, Vénégas fut attaqué à Almonacid; culbuté sur tous les points, il perdit une partie de son armée, fut chassé et poursuivi par la cavalerie du général Sébastiani. Le général de di-

---

en se retirant, empêché les résultats de la brillante manœuvre du duc de Dalmatie, il était battu, et sa réputation de prudence et de sagesse détruite à jamais.

vision Leval et les braves qu'il commandait prirent une glorieuse part à cette bataille.

L'ennemi perdit trente-cinq pièces d'artillerie, cent caissons et quatre mille prisonniers; on lui prit aussi plusieurs drapeaux.

Ce fut à cette époque que Ballasteros, chassé de la province de Sant-Ander, commença à se faire connaître. Cet homme, au-dessus de sa profession, était directeur d'un entrepôt de tabac à Oviedo, capitale des Asturies. La Romana ayant été appelé à Séville, il crut pouvoir jouer un rôle au milieu des troubles qui désolaient sa patrie; il fit des proclamations aux habitans, organisa des régimens, et alla prendre position sur la Déba, où se trouvait le général Bonnet, laissé dans la province de Sant-Ander. Il commença sa course avec quatre mille hommes, en en attaquant quatre cents. Il forma ses troupes sur le modèle des nôtres, les disciplina, et parvint à se faire la réputation d'un des bons généraux espagnols. Dans le même temps, Porlier, dit Morquesitto, parcourut les montagnes du Lhébana; il leva aussi un régiment, eut quelques succès en attaquant de faibles détachemens isolés, et parvint à faire croire aux habitans qu'il était très-habile.

Le mois de septembre 1809 se passa sans mouvemens. Le duc de Dalmatie fut nommé major-général des armées françaises en Espagne. Le maréchal Ney, appelé en France, laissa le commandement de ces troupes au général Marchant. Le 18 octobre, ce général fut attaqué à Tamames, à trois lieues de Ciudad-Rodrigo. Il repoussa l'ennemi; mais celui-ci ayant reçu de nombreux renforts, le général français fut forcé de se retirer avec une perte assez grande. Le duc Del-Parque, qui avait son armée cantonnée dans les environs, la réunit aussitôt, et marcha sur Salamanque, dont il s'empara. Le général Marchant s'était replié sur Toro. Le général Kellerman, ayant réuni quelques troupes, marcha de Valadolid sur le duc Del-Parque; il le rencontra à Alba de Tormes, à trois lieues de Salamanque. Les Espagnols furent complétement battus; en vain se formèrent-ils en carré, ils furent enfoncés par la cavalerie, qui seule eut toute la gloire de cette brillante journée.

Ce combat fut un de ceux qui honorèrent le plus le courage français. Trois ans après, en passant sur ce terrain, on frémissait en voyant la terre encore jonchée d'ossemens. Les habitans avaient laissé les cadavres sans les couvrir de terre. Les corbeaux et les oiseaux de proie les avaient à moitié dévorés. Ils gissaient entassés pêle-mêle.

Les Espagnols perdirent, au combat de Tormès, trois mille hommes; on leur prit quinze pièces de canons et six drapeaux. Ils furent dispersés sur tous les points; on fit un nombre considérable de prisonniers: leur général, suivi de quelques officiers, put à peine se sauver dans la montagne du côté de Ciudad-Rodrigo.

Dans le même temps, le général Arrizzaga s'avançait à la tête de cinquante mille hommes dans la plaine d'Ocana près d'Aranjuez. Le duc de Dalmatie ayant réuni trente mille hommes d'élite et quatre mille de cavalerie, en donna le commandement au duc de Trévise. Ce maréchal passa le Tage au pont de la Reyna, et prit position à Antigola. Le 18 novembre il se porta sur le plateau en arrière d'Ocana. Arrizzaga, attaqué vigoureusement, ne put résister aux efforts des Français; en vain avait-il masqué une colonne, l'élite de ses troupes, cette colonne fut enfoncée. Le duc de Trévise voyant l'ennemi en pleine déroute, profita de la victoire; il fit marcher des corps sur tous les points. Ses colonnes se réunirent le lendemain, et elles ramenèrent vingt mille prisonniers (1), cinquante pièces de canons et trente drapeaux.

---

(1) L'auteur de la *Guerre d'Espagne* ne veut pas convenir que le succès de la journée d'Ocana fut dû à l'intrépidité française et à la haute confiance que les soldats avaient placée dans leur général. Certes, si

Le duc de Castiglione s'emparait de Girone, après un siége long et opiniâtre. Le 10 novembre cette ville se rendit à discrétion. On y trouva huit drapeaux, deux cents pièces de canons; cinq mille hommes y furent faits prisonniers.

La paix avec l'Autriche venait d'être signée. Les Anglais avaient évacué l'île de Valcheren; rien ne s'opposait à faire entrer de nouvelles

---

M. Sarrazin les eût commandés, ils eussent été vaincus. Il y a loin de l'esprit intrigant et pamphlétaire, à l'esprit qui fait le bon général. La manie favorite de l'ex-commandant Boulogne est de donner des conseils; il emploie vingt pages à moraliser Wellington; il lui reproche amèrement de ne pas s'être emparé du corps de douze mille hommes que commandait le général Laborde. Il faut être bien peu militaire pour croire, qu'à deux journées de marche de son ennemi, une armée soit rassemblée sans qu'il soit prévenu. Il faut être bien peu militaire pour croire qu'on tombe sur un camp sans éprouver de résistance, et qu'on puisse s'emparer, sans combattre, de douze mille Français.

troupes en Espagne et à compléter les régimens qui, depuis trois ans, soutenaient la guerre de la péninsule.

Le duc de Dalmatie organisa les différens corps qui vinrent de France. Les régimens furent portés à deux mille hommes. Des colonnes mobiles parcoururent l'intérieur des provinces. Des ordres du jour, ponctuellement exécutés, arrêtèrent la licence et prescrivirent des peines contre les maraudeurs. L'armée ayant été réorganisée, le général fit les dispositions nécessaires pour la brillante expédition qu'il projetait (1).

---

(1) L'auteur de la *Guerre d'Espagne*, qui veut absolument que les Français soient sans courage, ne sait comment pallier le passage de la Sierra-Morena et la conquête de l'Andalousie, qui se fit presque sans coup férir. Il prétend que le général Arrizzaga ne fut battu que par des forces extrêmement supérieures. Ne sait-il pas, lui qui fut chef d'état-major en Italie, que les Français n'ont jamais été intimidés par le nombre? Ne sait-il pas que le corps du général Sébastiani n'était

Au nord de Madrid, sur la frontière de la Manche, est la chaîne de montagnes appelée *Sierra-Morena*, qui s'étend entre la Guadiana et le Guadalquivir, et se prolonge entre la Manche, l'Estramadure espagnole et la province portugaise d'Alemtejo. Derrière ses rocs élevés se trouvent les riches royaumes de Jaen, Cordoue et Séville.

Cette montagne est couverte de roches noires et escarpées. Le sol offre cependant des traces de végétation ; sur les hauteurs, des groupes de sapins dont le feuillage, toujours vert, contraste avec la blancheur de la neige

---

composé que de quatre régimens formant, au grand complet, huit mille hommes, et qu'Arrizzaga en commandait vingt mille? Ne sait-il pas enfin, qu'à cette époque les soldats français avaient une si grande confiance dans leur général et dans la faiblesse des Espagnols, qu'ils les considéraient comme des enfans, et qu'ils les auraient battus, ceux-ci eussent-ils été dix contre un? Cette confiance sans bornes était un sûr garant de la victoire.

qui couvre le sol une partie de l'année, réjouissent les regards du voyageur. On rencontre çà et là quelques cabanes de pâtres qui, dans les beaux jours, conduisent les troupeaux de leurs maîtres sur le penchant des collines où ils trouvent une nourriture abondante. Le costume de ces pâtres est singulier; ils couvrent leur corps d'une peau de mouton qui les préserve de la rigueur du froid. Ils n'ont que ce seul vêtement; pour chaussure, des espadrilles légères qui ne gênent point leurs mouvemens; aussi les voit-on sauter de rocs en rocs et parcourir les montagnes avec une vitesse incroyable. Deux chemins, ouvrage de l'art, traversent la Sierra-Morena (1).

---

(1) Olavidé, auteur de plusieurs ouvrages distingués, entre autres de l'*Evangile triomphante*, où l'on trouve plus d'un rapprochement avec le Génie du Christianisme de M. Chateaubriant, avait formé une colonie dans la Sierra-Morena; il l'avait appelée la *Caroline*. Elle prospérait, lorsque tout à coup l'envie et la haine

LesEspagnols, battus à Almonacid et à Ocana, s'étaient réfugiés dans cette montagne. Ils gardaient les passages; ils avaient miné les routes. Pleins de confiance dans leur nombre et dans les travaux qu'ils avaient faits, ils pensaient que les Français n'oseraient point les y chercher. Ils se trompèrent encore. Le duc de Dalmatie ayant fait ses préparatifs, fit faire, le 20 janvier, une attaque générale; il attira l'attention de l'ennemi sur les deux ailes. Arrizzaga dégarnit son centre, comptant sur l'effet des mines; elles n'en firent aucun. Les Français surmontèrent tous les obs-

---

poursuivirent son fondateur. Jeté dans les prisons du saint-office, il ne fallut rien moins que la protection du souverain pour l'empêcher de figurer dans un auto-da-fé. La Caroline qui, par ses soins et son activité, commençait à devenir riche et florissante, partagea sa digrâce, et les colons, privés d'appui et de ressources, se virent enlever toute leur espérance et furent réduits à la misère.

tacles, culbutèrent l'ennemi et le poursuivirent jusqu'à Andujar. Le résultat des deux attaques fut la prise de cinq pièces de canons, huit drapeaux, six mille prisonniers, parmi lesquels on comptait plusieurs officiers supérieurs et deux généraux.

Les chefs espagnols défendirent peu les différentes positions dont ils pouvaient tirer avantage; leur retraite se fit en désordre, ils se disséminèrent sur plusieurs points. A peine le duc d'Albuquerque eut-il le temps de se jeter dans Cadix (1).

La conquête des trois royaumes ne coûta

---

(1) M. Sarrazin reproche aux généraux français de ne pas avoir empêché au duc d'Albuquerque de se jeter dans Cadix. Ce reproche est aussi mal fondé que toutes ses assertions. La conquête de l'Andalousie dura plusieurs jours, afin de donner le temps aux habitans de revenir de leur terreur, de rentrer dans leurs maisons et de ne pas incendier leurs villages, ainsi que le prescrivait la junte.

pas deux cents hommes. Séville se rendit le 31 janvier au duc de Bellune. On trouva dans cette place deux cent soixante-trois pièces de canons, dont cent quarante en batterie, de nombreuses munitions et des approvisionnemens de toutes espèces. Tout rentra dans l'ordre, et bientôt, par la sage administration du général français, les habitans se crurent heureux d'être délivrés des guérillas (1).

Un corps d'armée resta devant Cadix pour

(1) Page 121, l'auteur cite une lettre du maréchal au prince de Neufchâtel, où il dit : « De la manière » dont les habitans se prononcent on pourrait consi- » dérer la guerre comme terminée. » N'en déplaise à M. Sarrazin, cette opinion est juste. La conquête de l'Andalousie se fit lentement pour laisser aux habitans le temps de respirer, pour calmer l'effervescence du soldat qui, un jour de bataille, voit partout des ennemis, et rend le malheureux habitant victime des privations qu'il souffrit. Le maréchal Soult, gouverneur de cette province, y fit régner l'ordre et la tranquillité; un courrier sans escorte passait sans crainte. Les pay-

bloquer cette ville. Le maréchal Victor en eut le commandement ; il fut désigné sous le titre de *premier corps*.

Le général Sébastiani, détaché sur Malaga, culbuta et détruisit l'armée espagnole qui défendait cette ville. Il lui tua plus de trois mille hommes, s'empara de cent quarante - huit pièces de canons et d'un équipage de vingt-trois pièces de campagne.

En Catalogne, le général Suchet obtenait de grands avantages et battait l'ennemi à Vich. Le général Souham, attaqué le 7 février 1810 par les Espagnols, commandés par Oconell, fit les plus heureuses dispositions, il repoussa toujours avec succès les masses ennemies, et par son sang - froid déconcerta leur attaque. Quoique blessé d'un coup de feu à la tempe gauche, à peine prit-il le temps nécessaire pour

---

sans armes défendaient leurs propriétés. Ce furent eux souvent qui désarmèrent et conduisirent aux Français les bandits que, plus tard, on nomma *guérillas*.

se faire panser; il reparut à la tête de ses braves, et ne quitta sa division que lorsque l'affaire fut glorieusement terminée.

Oconell, étonné d'une résistance opiniâtre, qui rendait inutile le déploiement de toutes ses forces, fit filer par sa droite une colonne d'infanterie, soutenue par toute sa cavalerie : à peine cette colonne parut-elle, qu'elle fut chargée vigoureusement par le 24e dragon et le 3e chasseur ; les Espagnols furent ramenés et se sauvèrent à la débandade.

L'ennemi perdit dans cette affaire trois mille hommes, on lui fit trois mille cinq cents prisonniers et plus de cinq cents chevaux.

Cependant l'ennemi, battu sur tous les points, trouva son refuge dans les montagnes ; de là les chefs, déguisés, descendaient dans la plaine, et cherchaient à soulever de nouveau les habitans. Les montagnards des Alpajares se mirent en mouvement. Le général Belair, dirigé contre eux par le comte Sébastiani, les dispersa et les fit rentrer dans leurs montagnes.

Le général Dessolles, instruit que les habitans des montagnes qui séparent la province de Murcie de Saïx, prenaient les armes, dirigea des forces sur Ubedo, sous les ordres du chef de bataillon Graudner du 55e régiment; les insurgés furent dispersés et chassés de toutes leurs positions.

Dans le même temps, le comte Reynier, commandant le 2e corps, envoyait le général Foy en reconnaissance sur les frontières du Portugal. Ce général, aussi brave qu'instruit, ayant appris, le 12 mars, qu'un corps d'Espagnols d'environ deux mille hommes était à Huroyo del Porco, marcha sur lui, il le surprit et lui fit éprouver une perte considérable.

Le duc de Trévise battait l'ennemi à Valverde, dans les environs de Badajoz, et le chassait jusque sous les ouvrages de cette place. Les Français perdirent dans cette affaire le général Beauregard, qui reçut une balle au cœur, en chargeant à la tête de la cavalerie; ils eurent à regretter cet intrépide guerrier.

Balasteros, après s'être sauvé de Sant-Ander, avait organisé quelques régimens de montagnards; il les dirigea sur l'Estramadure. Sa troupe s'accrut dans sa marche des soldats dispersés des armées de Léon et de la Gâlice. Le 25 mars, ce chef de parti ayant réuni mille hommes d'infanterie, six cents chevaux et dix pièces de canons, se présenta devant le général Gazan, qui se trouvait à Etrouquillo. Le 26, le général français l'attaqua, culbuta son avant-garde, lui tua cent cinquante hommes et lui fit quelques prisonniers.

Le général Suchet battait Villa-Campa; il envoyait le général Habert sur Valence, et empêchait Blacke de faire une diversion sur l'Andalousie (1).

---

(1) Page 127. Fidèle au plan qu'il s'est imposé, M. Sarrazin continue à copier les rapports anglais, et dit que le maréchal Suchet échoua sur Valence. Le maréchal n'avait pas l'intention de s'emparer de cette place, il ne pouvait la garder; s'il poussa une pointe sur cette ville, c'était pour s'assurer des forces ennemies, pour empêcher

Le 22 avril on s'empara d'Astorga; la division Bonnet fut remplacée à Sant-Ander. Ce général pénétra en Asturies, il s'empara d'Oviedo. Quoiqu'attaqué par toutes les forces de la Galice et par les bandes qui s'étaient formées dans le pays, il sut maintenir la tranquillité, se fit estimer des habitans et redouter des ennemis.

Le 23 mars, les Français s'emparèrent du fort Montagorda, des mortiers furent placés le long de la côte; l'on s'occupa d'établir des batteries pour bombarder Cadix. Cette ville offrait l'image de la plus grande anarchie; les juntes se succédaient. Les autorités civiles se remplaçaient fréquemment, et, dans le cours de leur jestion momentanée, elles se montrèrent moins jalouses du bien public que du soin de s'enrichir aux dépens de leurs administrés (1).

---

une diversion que Blacke eût pu faire pour connaître le terrain, et pouvoir en tirer parti. Le maréchal n'avait avec lui que son artillerie de campagne.

(1) Page 130. En copiant la lettre du duc de Dal-

Le 15 mai est un jour trop mémorable pour être passé sous silence. Quinze cents Français en proie à toutes les horreurs de la captivité, qui, au mépris de la capitulation de Baylen, portant qu'ils devaient être débarqués en France, avaient été retenus prisonniers, parvinrent à s'échapper des pontons où ils étaient entassés pêle-mêle, et où ils languissaient dans la misère la plus horrible. Ils firent prisonnière la

---

matie, M. Sarrazin insulte à la réputation de ce maréchal. Eh ! M. Sarrazin ! si tous les sentimens honnêtes vous sont inconnus, est-ce la faute de vos concitoyens ? Il est tellement vrai que les premières bandes furent formées de soldats déserteurs, sans honneur comme sans discipline, que, si vous interrogez les Espagnols, ils vous diront que ces braves compatriotes qui se disaient armés pour les défendre, les maltraitaient, les volaient, les pillaient, quelquefois même les assassinaient, sous le prétexte qu'ils étaient Affrancescados. Interrogez-les, ils vous diront que le maréchal maintint le plus grand ordre, et qu'il n'y eut n'y maraude ni pillage.

garnison espagnole qui les gardait et s'emparèrent de deux pontons. Malgré le feu réuni des chaloupes anglaises et des forts de la ville, ils parvinrent à gagner Montagarda. Échappés au péril après un si long esclavage, leur raison paraissait aliénée. Ils regardaient leurs frères d'armes avec une sorte d'égarement, ils chantaient, pleuraient à la fois. Jamais joie ne fut égale à la leur. M. le maréchal les fit habiller; ils reçurent des avances, et rejoignirent leurs corps respectifs.

Le général Suchet, après son expédition sur Valence, forma le siége de Lérida. Le 23 avril, à deux heures après-midi, l'armée espagnole sous les ordres d'Oconell, forte de quinze mille hommes, se présenta devant le pont de Lérida. Le général Harispe, qui se trouvait aux avant-postes, fit charger les premières colonnes ennemies par le 4e hussard. Le colonel Burthe culbuta cette avant-garde, et obligea la plus grande partie de rendre les armes. La garnison de Lérida chercha alors à faire une sortie pour secourir les Espagnols repoussés; mais le colonel Robert la fit repentir de son audace, et par sa contenance hardie, la réduisit à être spectatrice du combat. Oconell fit avancer toutes ses masses, et présenta une belle ligne de bataille. Mais le 13e cuirassier, commandé par le général Broussard, ayant tourné l'ennemi, et l'ayant chargé avec vigueur, l'infanterie espagnole se débanda, et entraîna la cavalerie dans sa fuite. Les Espagnols laissèrent le champ de bataille couvert de leurs morts; on leur fit cinq mille six cents prisonniers; trois bouches à feu et un drapeau tombèrent en notre pouvoir. Les Français perdirent à peine quatre cents hommes.

Le général Suchet profita habilement de la défaite d'Oconell, il fit presser le siége de Lerida. Le 14 mai, le gouverneur, réduit aux abois, et n'ayant plus l'espoir d'être secouru, rendit la place. On y trouva cent cinquante bouches à feu, cent cinquante milliers de poudre, dix mille fusils, dix drapeaux; la garnison,

5

composée de huit mille hommes, fut faite prisonnière de guerre.

Après la prise de Lérida, le général Suchet fit investir la forteresse de Mequinenza, appelée *la clef de l'Ebre*, située sur un roc escarpé, au confluent de l'Ebre et du Segre; elle pouvait être regardée comme inaccessible. La ville de Mequinenza, barricadée et armée, augmentait encore les difficultés de cette position.

L'investissement, commencé le 20 mai, fut terminé le 25, et le 8 juin la ville et la forteresse se rendirent à la discrétion du vainqueur. Quarante-cinq bouches à feu et cinquante milliers de poudre furent la récompense des travaux des assiégeans; la garnison, forte de quatre cents hommes, fut envoyée en France.

La conquête d'Espagne paraissait alors bien assurée; les Français croyaient leurs travaux achevés. Cette opinion s'accrut encore, quand ils apprirent qu'une armée de soixante mille hommes se rassemblait près de Salamanque, que le prince Massena devait la commander, qu'il devait s'emparer du Portugal, et forcer les Anglais à fuir de la péninsule.

Cette campagne eut de bien tristes résultats; elle commença la réputation militaire du général anglais.

Le prince d'Esling y conserva le même courage, mais il n'eut pas le même bonheur qui lui avait acquis en Italie le surnom de *fils de la Victoire*. Il conservait sur le champ de bataille un sang froid imperturbable, et montrait, comme dans ses jeunes années, une grande opiniâtreté dans le combat.

Le caractère distinctif de Wellington est une prudence mesurée, un accord parfait dans tous ses moyens. Mécontent des Espagnols à Talavera, il s'était retiré en Portugal; il avait organisé ce pays d'après ses vues et ses plans; il avait fait commander les troupes portugaises par des officiers anglais. Il avait profité de six mois de repos pour aguerrir ses soldats, rassembler des munitions et s'assurer des subsistances. Le général anglais avait mis l'ordre dans son administration; il punissait sévèrement les employés qui s'écartaient des lois de l'honneur.

Le prince d'Esling, lorsqu'il prit le commandement de l'armée, n'était plus dans la force de l'âge, ses moyens physiques n'étaient pas les mêmes qu'à Zurich, la position de son armée était bien différente; abandonnée à elle-même, elle manquait de tout. Le prince avait à combattre à la fois et les difficultés locales et la haine nationale de trois nations réunies qui, jalouses de notre gloire, s'empressèrent d'augmenter le moindre échec que nous éprouvions, et d'exalter la bravoure des leurs et les talens du général anglais.

Wellington connaissait parfaitement le pays, il l'avait parcouru plusieurs fois. Massena n'en avait qu'une connaissance superficielle. Enfin, le général anglais, étonné de la réputation colossale du prince d'Esling, fier d'avoir un pareil adversaire, était disposé à bien l'étudier, à profiter de ses moindres fautes, à rivaliser de talens et de moyens. Massena se reposant au contraire sur sa brillante renommée, sur l'habileté de ses généraux et sur la bravoure des troupes qu'il commandait, troupes d'élite qui comptaient douze années de victoire; étonné de ne pas avoir déjà vaincu, il croyait marcher à un triomphe assuré et méprisait son prudent compétiteur.

Les deux armées étaient de pareilles forces. Toutes deux étaient composées d'hommes également braves; toutes deux désiraient vaincre, toutes deux étaient animées de ce fanatisme de patrie qui excite aux grandes choses. Les Anglais regardaient les Français comme des ennemis acharnés, comme des hommes qui voulaient anéantir leur commerce et détruire leur marine. Les Français, accoutumés à ne voir dans les Anglais que des ennemis perfides, remarquaient avec chagrin que ces rivaux heureux, après leur avoir enlevé l'empire maritime, voulaient encore anéantir la puissance qu'ils avaient sur la terre. Accoutumés à vaincre les peuples du Nord, ils espéraient chasser les insulaires de la péninsule, et les faire repentir de tant d'audace.

Masséna ayant réuni son armée, entra en campagne dans le mois de mai 1810. Il fit investir Ciudad-Rodrigo. Cette ville résista vingt-cinq jours; la garnison, forte de six mille hommes, fut obligée de capituler et de se rendre à la discrétion des Français (1).

Après la prise de Ciudad-Rodrigo, l'armée se porta sur Almeida et investit cette place; les travaux furent terminés le 25 août. Le 26, une bombe tombée sur un caisson, communiqua le feu à plus de cent milliers de poudre. La commotion fut terrible; la ville disparut comme par enchantement; la garni-

---

(1) Le plan du général anglais était de se retirer et d'attendre un instant favorable pour livrer bataille. La défense du pont d'Alvéria fait honneur aux Anglais. Bien loin d'être un combat, ce ne fut qu'une escarmouche. Ainsi M. Sarrazin a encore été mal instruit.

son qui se trouvait dans les casemates, fut seule préservée ; plus de la moitié des habitans périt par cet affreux accident. Cette circonstance inattendue facilita la prise de cette place, qui eût pu se défendre long-temps. Elle se rendit le 27. La garnison, forte de trois mille Portugais, fut renvoyée dans ses foyers, après avoir prêté serment de ne pas servir contre les Français, serment qu'elle n'observa point.

Wellington, qui s'était constamment tenu derrière cette ville, ayant été instruit de ces événemens, battit en retraite, et se retira dans la vallée de Mondego, sur la route de Lisbonne.

Le prince d'Esling, après avoir organisé ses moyens de transports et son artillerie, se mit à sa poursuite, et prit la route de Celorico. Cette route est montueuse et très-difficile pour l'artillerie.

Le 19 septembre 1810, l'armée arriva à Viseu ; le 8e corps qui se trouvait d'avant-garde, rencontra l'arrière-garde anglo-portugaise, et lui fit quelques prisonniers. De

Viseu l'armée prit la route de Coimbre; le général français et les braves qu'il commandait désiraient atteindre l'ennemi et en venir aux mains.

Le 25 septembre on rencontra toute l'arrière-garde ennemie dans une belle position en arrière de Mortagoa; elle fut enfoncée, perdit quelques hommes, et battit en retraite sur la route de Coimbre. Le 26, l'armée ayant continué sa marche, aperçut l'armée alliée qui couronnait les hauteurs d'Al-Coba ou de Busaco, montagnes très-élevées, où il n'y a point de chemins praticables, et qui ne produisent que des genêts, des ronces et des épines. La position qu'avait choisie Wellington rendait nuls les efforts de la cavalerie et de l'artillerie française; ses troupes qui étaient masquées par le revers de la montagne, étaient disposées à faire une vigoureuse résistance, et à vendre cher le terrain. Massena voulut emporter ces hauteurs de vive force, ignorant sans doute que toute l'armée anglo-portugaise y était embusquée.

Le prince d'Esling disposa son armée de la manière suivante. Le duc d'Elchingen, commandant le 5e corps, formait l'aile droite; il se trouvait placé en face de la gauche de l'ennemi: le général Reynier, commandant le 2e corps, formait l'aile gauche; il était placé en face de l'aile droite des alliés, et était même débordé par cette aile. Le 8e corps sous les ordres du duc d'Abrantès était en réserve. Le maréchal Massena se plaça, avec son état-major, sur le mamelon près de la route. Derrière lui se trouvait la belle et redoutable cavalerie commandée par l'intrépide Montbrun. Elle était en bataille et paraissait attendre avec impatience que l'infanterie enlevât la position pour se lancer sur l'ennemi et le culbuter. L'armée française comptait cinquante mille fantassins et quatre mille cinq cents cavaliers.

Wellington avait réuni soixante mille fantassins et trois mille cavaliers. Il avait quatre-vingts pièces de canons en batteries; car on pouvait considérer la position qu'il avait choisie, comme une place forte qu'il fallait enlever. Il avait fait occuper tous les bouquets de bois et les maisons isolées qui se trouvaient sur le revers de la montagne. Les deux seules routes praticables pour arriver au sommet d'Al-Coba, avaient été coupées et barricadées; elles étaient défendues par une nombreuse artillerie qui les battait de front et de flanc. Il avait disposé sur le sommet de la montagne des masses d'infanterie avec de l'artillerie dans les endroits faibles. La position du général anglais était tellement forte, qu'il devenait physiquement impossible de l'y forcer.

Le 27 septembre, au point du jour, le général Reynier attaqua la droite, et le maréchal Ney la gauche; Junot resta en réserve au pied de la montagne avec l'artillerie et la cavalerie, qui devenaient inutiles. Les colonnes françaises gravirent la montagne, malgré le feu vif et nourri des Anglais; il y eut même un moment d'hésitation parmi ces derniers; mais de nouvelles colonnes arrivèrent successivement, elles reprirent le terrain, chassèrent les Français, et les forcèrent de se retirer avec une perte de près de quatre mille braves (1). Cette journée coûta aux Anglais deux mille cinq cents hommes.

Le 29, le maréchal Massena, mieux instruit que la veille, fit tourner la position par Sardao. Ce mouvement avait pour but de forcer à la retraite le général anglais. En effet, craignant d'être coupé, il quitta la position et passa le Mondego.

Le 1er octobre, l'armée française entra dans

---

(1) M. Sarrazin, accoutumé à déguiser la vérité, ne peut concevoir comment on eut la hardiesse de faire monter des troupes sur les hauteurs de Busaco. Il faut être Français pour croire aux prodiges de valeur qui eurent lieu. Les soldats gravissaient les montagnes escarpées une main sur le sol, l'autre appuyée sur leur fusil; trois fois ils arrivèrent sur la crête, et cela est si vrai, que le général Saint-Simon y fut fait prisonnier.

Coimbre. Là, le général français, forcé par la nécessité, se vit contraint d'abandonner deux mille blessés de l'affaire de Busaco.

Le prince d'Esling, en partant de Coimbre, prit la route de Lisbonne, dont il n'était plus éloigné que de trente lieues. L'armée passa par Redinha, Pombal, et arriva le 7 à Lyria; il y eut pendant cette marche quelques affaires d'avant-garde.

De Lyria le prince marcha sur Tagadra, et il arriva le 12 à Villa-Franca; ce fut près de ce dernier endroit que l'armée française trouva l'ennemi en position sur les hauteurs.

Wellington avait regardé cette position comme inexpugnable, et l'avait augmentée de tous les moyens de défense que la science des Vauban a inventés; à l'abri, derrière les retranchemens, il attendait que nous vinssions l'attaquer. Massena ayant reconnu cette belle position, admira les dispositions de son adversaire, il ne crut pas prudent de le forcer; il venait d'éprouver à Busaco que le courage ne donne pas toujours la victoire, et qu'il est des circonstances où il faut le tempérer par la prudence.

Les hauteurs de Torres-Vedras étaient hérissées de redoutes construites avec art, et battant de tous côtés les colonnes qui auraient osé s'approcher. Renonçant donc à l'espoir de les enlever de vive force, Massena voulut bloquer l'armée anglaise et l'affamer. Il fit une espèce de ligne de circonvallation ; il établit sa gauche à Villa-Franca ; son centre à Alunques, et sa droite à Otta.

Le maréchal Ney fut placé en réserve en arrière de Villa-Franca ; il fournissait des postes le long du Tage, et observait la navigation de ce fleuve.

Le général français, en voulant bloquer l'armée anglaise, fit une grande faute. Cette armée, approvionnée par mer, ne manquait de rien; tandis que l'intérieur du Portugal, qu'il occupait, ayant été ravagé, n'offrait aucune ressource. Il ne fut pas long-temps à reconnaître les effets funestes du systême qu'il avait adopté. Les derrières de l'armée n'étant point assurés, aucun magasin n'ayant pu être établi, les Français commencèrent à manquer de tout. Les divisions furent obligées d'envoyer à la maraude par détachemens. La plupart de ces corps isolés furent attaqués et surpris par des paysans portugais que commandait Silveyra. Le mécontement et le désordre régnèrent dans l'armée ; la discipline militaire se relâcha. Sous prétexte de se procurer des vivres, les soldats cherchèrent tout autre chose. Les crimes les plus horribles ne les effrayèrent plus. L'officier, réduit à partager avec le soldat les découvertes de riz ou de pain que celui-ci avait faites, n'en fut plus respecté. C'est à cet oubli des devoirs, c'est à la mésintelligence qui bientôt s'établit parmi les vainqueurs de Wagram, enfin c'est au peu de prévoyance des administrations, qu'il faut attribuer les désastres qui ne tardèrent pas à les accabler.

On occupa les lignes jusqu'au 14 novembre;

alors le prince d'Esling, malgré son opiniâtreté, fut contraint de se retirer sur Santarem. L'armée était dans le dénuement le plus absolu. Le général avait, sans combattre, perdu le tiers de son monde. Wellington reconnut la position de Santarem. Il ne voulut pas l'emporter de vive force, espérant que le manque de vivres et de communications forceraient le général français d'évacuer cette ville et tout le Portugal.

La position que le maréchal Massena avait choisie, en avant de Santarem, était avantageuse, elle présentait à l'ennemi un rideau boisé assez étendu, et qui fut promptement fortifié. La droite était couverte par le Monte-Junto, montagne impraticable, et la gauche était appuyée au Tage.

Dès son arrivée aux lignes de Torrès-Védras, le général français avait ordonné de construire un pont de bateaux, afin de pouvoir passer sur la rive gauche du Tage et de lier ses mouvemens aux opérations du maréchal

Soult, qui faisait alors le siége de Badajoz. Ce travail devenait encore d'autant plus nécessaire, que la riche province d'Alentéjo se fût trouvé en notre pouvoir, et que l'armée y eût rencontré des provisions de toutes espèces.

Wellington ayant été informé que Massena faisait construire un pont de bateaux, fit passer quelques corps dans l'Alentéjo, afin de garder la rive gauche du Tage, et il fit élever de nombreuses batteries le long de ce fleuve.

Les deux armées se cantonnèrent dans le mois de novembre. Elles reçurent, dans le courant de décembre, des renforts; les Anglais, le corps de la Romana, et les Français, celui du comte d'Erlon. Ce général, aussi brave que prudent, réunit la colonne du général Gardanne qui, d'après les faux rapports d'un espion, croyant l'armée entière au pouvoir de l'ennemi, n'osa pas la rejoindre, et remettre les ordres dont il était porteur. Le comte d'Erlon couvrit les derrières de l'armée, et assura la communication avec l'Espagne.

Le général Girard qui se trouvait en Estramadure, battait l'ennemi à Villagaria ; il lui faisait huit cents prisonniers et le rejetait au-delà de Monte-Molino, dans les montagnes de Cabra. La Romana reparaissait en Estramadure ; il occupait les positions en avant de Badajoz, et attaquait divers cantonnemens ; mais le maréchal duc de Dalmatie ayant réuni le 5e corps sous les ordres du duc de Trévise, ce général chassa l'ennemi jusqu'au fond de l'Estramadure, et il lui fit éprouver une perte assez considérable.

La campagne de 1810 fut favorable aux Anglais. Mais n'est-il pas à présumer que le général français, limité dans son commandement, devait attendre les ordres de son souverain ; tandis que Wellington ne prenait conseil que des localités et des circonstances. A l'appui de mon opinion, je citerai les deux voyages que M. le général Foy fit à Paris. Cet officier général, du plus grand mérite, traversa toute l'Espagne, malgré les nombreux guérillas qui attaquaient chaque convoi ; il essuya mille dangers, et ne put rejoindre l'armée qu'à la campagne suivante.

Pendant que Massena trouvait dans Wellington un adversaire prudent, le duc de Dalmatie pacifiait l'Andalousie; il détruisait les guérillas, employait les contributions à payer sa petite armée, soldait même plusieurs corps espagnols, et savait allier la fermeté à la justice. Au mois d'octobre trois cents pièces de tout calibre étaient en batteries, des mortiers de nouvelle invention lançaient des bombes au-delà de Cadix. Le maréchal duc de Bellune qui commandait le corps d'armée chargé du blocus de cette ville, dirigeait les travaux. Les habitans, en voyant la foudre suspendue sur leur tête, étaient près de se rendre, et sans les Anglais, maîtres de leur citadelle, tout fait présumer qui l'eussent fait.

Le maréchal Suchet battait en même temps Villa-Campa ; il le forçait de s'éloigner de l'Aragon. Le 21 décembre, il investit Tortosa, dont il se rendit maître le 1er janvier 1811. La garnison, forte de huit mille hommes, fut faite prisonnière de guerre; on s'empara de cent soixante-dix-sept bouches à feu et d'un nombreux approvisionnement.

La campagne de 1810, loin de calmer l'effervescence des Espagnols, ne fit que l'augmenter. Les succès des Anglais en Portugal apprirent aux habitans que nous pouvions être battus. Malgré la conquête de l'Andalousie, l'esprit d'insurrection continua de faire des progrès. A peine une armée était-elle détruite et disséminée, que les soldats fuyaient, rentraient dans leurs foyers et cultivaient les terres. Mais bientôt des écrits de la junte paraissaient; des émissaires, la plupart moines, parcouraient les provinces, ils promettaient le pardon des péchés, ils accordaient des indulgences plénières; les malheureux habitans, victimes du fanatisme, quittaient leurs foyers et leurs familles, ils allaient de nouveau affronter le fer des Français (1).

---

(1) Le trait suivant fera connaître la haine que les Espagnols nous portaient. Le 24 janvier 1810. le général Bonet se rendit maître d'Oviédo. Les habitans n'eurent point à souffrir les horreurs que la guerre entraîne ; tout fut respecté. Les bourgeois s'étaient rendus sur la place ; ils choisirent les officiers qui leur convenaient et les conduisirent dans leurs logemens. Je fus choisi par un bon vieillard nommé *don Pedro de Roncal.* Ce brave Asturien me conduisit dans la chambre qui m'était destinée ; il eut pour moi tous les soins que je pouvais désirer. Reconnaissant de ses attentions, je lui offris mes services, que j'eus le bonheur de lui faire agréer. Toute sa famille s'était réfugiée dans les montagnes de Somiedo. Je sollicitai pour elle un *laissez-passer,* que M. le général me fit la faveur de m'accorder ; et au bout de quelques jours, la femme et les enfans de mon hôte furent réunis. Mon patron ne savait comment me témoigner sa reconnaissance, et pendant les six mois que je restai chez lui, je n'eus qu'à me louer de sa délicatesse et de ses procédés. Une seule chose

Les ordres de la Romana avaient été ponctuellement suivis. Valasteros, malgré ses nom-

---

m'étonnait. Lorsque don Pedro recevait quelques amis, il me présentait, vantait des qualités que j'eusse désiré avoir, et finissait toujours par assurer que je n'étais pas Français, que j'étais Allemand. Dans le commencement, j'y faisais peu attention; mais lorsque je fus familier avec la langue castillane, je le priai de m'épargner ses présentations, et je l'assurai que mon titre de Français était trop beau pour que je voulusse le changer.

Les divers mouvemens de l'ennemi nous forcèrent souvent de dégarnir Oviédo pour nous porter en Galice. J'étais certain à mon retour de trouver mon logement préparé; don Pédro eût-il dix personnes logées chez lui, il y avait toujours une petite place pour moi. J'étais de retour d'une mission et je me trouvais seul avec mon hôte lorsqu'il me parla ainsi :

« Don Carlos (c'est ainsi qu'il m'appelait), j'ai la » plus grande confiance en vous, je suis certain » que vous détestez la guerre cruelle que vous nous » faites. La manière dont vous vous êtes conduit envers breuses défaites, organisa un corps de huit à dix mille Asturiens, et fut s'établir en Anda-

---

» moi, me donne de vous la meilleure opinion. Jus-
» qu'à ce jour, je vous ai prouvé que je vous aimais
» comme un père aime son fils; vous allez aujourd'hui
» connaître tout ce que je veux faire pour l'homme
» que j'estime. »

Ce préambule attira toute mon attention; j'écoutai dans le plus profond silence.

Mon hôte continua : « Le marquis de la Ro-
» mana ordonne la formation des corps francs. Son
» neveu, le Marquisitto, dit Porlier, est chargé de
» de les organiser. Il est à deux lieues d'ici; je vais
» vous donner une lettre pour ce brave Espagnol.
» Il désire avoir un officier intelligent. J'ai jeté les
» yeux sur vous; vous accoutumerez les recrues à
» votre discipline, vous les instruirez dans vos exer-
» cices, ils sont obéissans; vous formerez de ces
» Espagnols qu'on méprise, des soldats capables de
» résister et peut-être de vaincre les Français que
» rien n'étonne. Tenez, voici un brevet de colonel
» en second que je vais remplir. »

Je m'attendais si peu à ce que mon patron me

lousie. Porlier, dit Marquisitto, réunit quatre mille fantassins et occupa le royaume de Léon.

---

fit une pareille proposition, que je restai quelques minutes à le regarder. Enfin je rompis le silence.

» Comment, don Pedro de la Roncal, lui-dis-je,
» vous que j'estimais, vous qui jusqu'à ce jour m'avez
» paru un homme loyal, vos osez me proposer l'action
» d'un lâche ? J'ai parlé librement devant vous; si vous
» avez cru que cette franchise militaire était d'un poli-
» tique artificieux, vous vous êtes étrangement mépris.
» Vous dites que vous m'aimez ; eh bien ! je vais vous
» prouver que je partage ce sentiment, et qu'à tort
» vous avez pu croire que je deviendrais traître et par-
» jure. Je vous promets que cette conversation ne sera
» jamais connue. »

En disant ces mots, je le quittai sans attendre sa réponse. Mon hôte ne me parla jamais de ce qui s'était passé, j'imitai son silence. Cependant je m'aperçus qu'il n'avait plus la même franchise, il était contraint lorsqu'il me voyait ; peut-être craignait-il que je ne trahisse son secret ; une indiscrétion l'eût conduit à la mort. J'eus le bonheur de lui rendre encore quelques services ; et si par hasard ce livre lui tombe entre les mains, c'est lui-même que je fais juge de la conduite à tenir dans une pareille circonstance.

Le Pastor en Castille, Mendizabal en Biscaye, et Mina en Navarre, firent une guerre affreuse et cruelle à tout ce qui portait l'uniforme et le nom français. Ce dernier surpassa en barbarie ses collègues; ma plume ne pourrait retracer les horreurs commises par ses ordres, et souvent sur ce sexe timide fait pour être aimé, dont la bienfaisance et l'humanité, s'exerçant même sur les ennemis, savait adoucir les maux et les horreurs de la guerre.

L'armée de Portugal fut la première à ressentir les effets funestes du système que lord Wellington avait fait adopter par la junte. On ne trouvait aucun habitant ni dans les villes ni dans les villages. D'après les ordres des magistrats, ces malheureux abandonnaient leurs demeures pour se réfugier sur le sommet de montagnes inaccessibles, ou dans le cœur des bois et des forêts; ils emmenaient avec eux leurs bestiaux et leurs provisions, et ils avaient grand soin, avant de partir, de cacher dans les lieux les plus cachés, ce qu'ils ne pouvaient emporter. Le gouvernement avait prononcé la peine de mort contre quiconque resterait dans une ville occupée par les Français. Ce plan désastreux et barbare était efficace pour nous forcer à évacuer la province où nous aurions pu nous établir. Aussi l'armée de Portugal, qui se trouvait éloignée et privée de tout secours, ne tarda-t-elle pas à éprouver toutes les horreurs de la famine.

On commença par envoyer aux vivres des détachemens en ordre, commandés par des officiers; mais, outre qu'il fallut bientôt les augmenter, afin de les mettre à l'abri de l'attaque des partisans, ces détachemens, malheureux dans leurs courses, ne ramenaient jamais rien; tandis que les soldats isolés qui allaient à la maraude revenaient chargés de farine, de lard, etc., et de provisions de toute espèce. Les capitaines furent chargés du soin de nourrir leurs compagnies, et pendant quelque temps le soldat ne manqua de rien. Mais bientôt le pays, gaspillé par les maraudeurs, se trouva épuisé. Alors les courses se firent au loin; les soldats isolés se répandirent dans l'intérieur du pays; rien ne leur échappa; ils montaient sur les montagnes les plus élevées, et s'enfonçaient dans les forêts les plus sombres et les plus touffues; ils parcouraient des endroits où, avant cette guerre, aucun homme n'avait jamais pénétré. Dans ces lieux solitaires, ils trouvaient des vieillards, des prêtres, des femmes qui, pour obéir aux décrets de la junte, avaient abandonné leurs foyers. Ces malheureuses victimes de leur obéissance trouvaient quelquefois leur tombeau dans ces lieux déserts.

Dans la crise fatale où l'armée se trouvait réduite, le besoin le plus impérieux, la faim se faisait ressentir; le soldat accusait l'habitant de tous ses malheurs, de ses fatigues, de ses privations. Lorsque dans ses courses il vit les corps de ses camarades mutilés, lorsque des horreurs, que ma plume ne peut décrire, se furent commises par les Portugais, lorsque leurs généraux (Silveyra) se firent un trophée barbare des meurtres et de l'assassinat, alors le soldat français sortit de son caractère, il brisa tous les liens de la discipline, et le Portugal fut le théâtre sanglant et du meurtre et du carnage (1).

---

(1) Page 161. M. Sarrazin convient que l'ennemi avait la supériorité du nombre; il convient qu'il adopta notre tactique et nos mouvemens concentriques. Ici M. Sarrazin me permettra encore de ne pas être de son avis. L'ennemi eut constamment l'habitude de n'attaquer que dix contre un. Ses nombreuses colonnes étaient protégées par des nuées de tirailleurs. Jamais ils n'attaquèrent sans la certitude de vaincre. Dans toute la guerre d'Espagne, on ne citera pas une bataille où les Espagnols aient chargé franchement. La division Bonet occupa deux ans consécutifs les Asturies. Elle eut constamment dix mille hommes à combattre; elle fut obligée de maintenir le pays. Les marquisitto Barcena et autres parvinrent plusieurs fois à soulever les montagnards. Ils furent battus, ils devaient l'être. Ils commandaient des Espagnols, et nos soldats ne pou-

vaient concevoir comment ils osaient se mesurer avec eux. C'est cette confiance sans bornes qui leur procura tant de victoires et les fit triompher quatre ans des efforts réunis de trois nations alliées.

FIN DU LIVRE SECOND.

LIVRE III.

La campagne de 1811 s'ouvrit par de nouveaux succès. L'Andalousie, la Castille, les Asturies, l'Aragon, la Catalogne, la Biscaye et la Navarre, étaient occupées par les Français. Ils se flattaient, malgré les revers éprouvés en Portugal, de conquérir le reste de la péninsule, et de terminer promptement une guerre fatigante.

M. le maréchal Soult, après avoir pacifié et organisé l'Andalousie, avait fait de Séville le centre de ses opérations; il avait réparti ses troupes depuis la Sierra-Morena jusqu'à Matagorda; il avait fait occuper tous les villages qui se trouvent sur la route, et en avait fait des postes militaires. Enfin Malaga était au pouvoir des Français; et le général Valasterós s'était réfugié sous le canon de Gibraltar.

Le duc de Dalmatie ayant mis son gouvernement à l'abri d'un coup de main, réunit un corps de troupes, et marcha sur l'Estramadure. Son mouvement forçait les Anglais de dégarnir le Portugal, afin de s'opposer à la jonction des deux armées. Olivenza, ville forte qui avait été cédée par les Portugais en 1801, fut prise sous les yeux de Mendizabal, qui était venu la défendre avec dix-huit mille hommes. Les Français y firent trois mille prisonniers. Cette place nous était nécessaire, elle établit la communication de l'armée avec Séville. Le général espagnol se retira sur Badajoz dans l'intention de couvrir cette place. Le 19 février le duc de Dalmatie fut l'attaquer. Les soldats français, sachant qu'ils avaient affaire aux Espagnols, se précipitèrent sur eux avec la plus grande intrépidité. Le général Girard qui commandait l'aile droite culbuta l'ennemi malgré sa vive résistance ; l'aile gauche fut aussi enfoncée. Le maréchal s'en aperçut, et sur-le-champ fit charger sa réserve. Alors le plus grand désordre se mit dans les colonnes ennemies. Elles abandonnèrent le terrain, laissant tous leurs bagages, leur artillerie et six mille prisonniers. Cette victoire, qui ne nous coûta pas quatre cents hommes, donna un nouveau relief à la réputation militaire du général français. Elle couvrit Mendizabal de honte, et facilita la prise de Badajoz.

Le 11 mars, après un siége honorable, la garnison de cette ville, forte de neuf mille hommes, se rendit prisonnière de guerre. On trouva cent soixante-dix-sept pièces en batteries, quatre-vingts milliers de poudre et deux équipages de pont en très-bon état.

Le duc de Trévise, laissé dans l'Estramadure, chercha à pacifier cette province et à s'emparer des places fortes, afin d'ôter tous points d'appui aux insurgés. Le général Latour-Maubourg, qu'il avait envoyé sur Albuquerque, s'empara de ce fort et de la garnison.

Pendant ce temps le maréchal faisait le siége

de Campo-Major, il s'emparait de cette place et faisait sauter les fortifications. Les opérations étant terminées, il rétrograda et prit position sur la Caya.

Le général Suchet, voulant profiter de la terreur qu'avait inspirée la prise de Tortose, fit marcher la division Habert avec quatre obusiers sur le fort Balaguier. Malgré les obstacles de la route, le fort fut investi le 8 janvier à la pointe du jour, et le gouverneur fut sommé de se rendre. Il demanda quatre jours de sursis, et offrit de remettre la place, si pendant ce temps il n'était pas secouru. Cette réponse n'ayant pas satisfait le général français, il commença à faire chauffer la place, en même temps six compagnies chassaient les postes extérieurs et les forçaient à se précipiter dans les ravins. Le brave Habert profita de l'enthousiasme de ses troupes, il fit donner l'assaut; bientôt les palissades furent renversées, et à l'aide de quelques échelles, ou en grimpant les uns sur les autres, les soldats français atteignirent les embrâsures et pénétrèrent dans le fort. Une partie de la garnison se sauva à la débandade sur la route de Tarragone; le gouverneur, treize officiers et cent vingt soldats furent faits prisonniers.

Pendant que le duc de Dalmatie faisait la conquête de l'Estramadure, et battait Mendizabal, les Anglais préparaient une expédition, dans le dessein de s'emparer des nombreuses batteries formées sur la ligne, et qui endommageaient Cadix. Le 21 février, le général Graham débarqua à Algésiras; il se réunit à Tariffa avec les Espagnols. Cette colonne était forte de vingt-quatre à vingt-cinq mille hommes. Les 3 et 4 mars, il y eut de fortes escarmouches.

Le général Villatte attaqua les Espagnols qui se portaient sur le canal de Sant-Petri. Les voltigeurs du 95e régiment culbutèrent l'ennemi et détruisirent les ouvrages qu'il avait commencés. Les alliés perdirent dans cette attaque plus de trois cents hommes; nous n'eûmes au contraire que quelques hommes hors de combat.

Le maréchal duc de Bellune, jugeant que l'intention de l'ennemi était de le forcer, fit retirer ses postes. Il se concentra et prit position à Chiclana ; mais bientôt, au lieu d'attendre l'ennemi, il fut à sa rencontre et l'attaqua.

Les Espagnols, qui étaient parvenus à s'emparer de la hauteur de Barrosa, furent culbutés par le général Ruffin. Ce brave se couvrit de gloire, il fut grièvement blessé. Sa blessure mit le désordre dans la colonne qu'il commandait. Graham en profita. Il fit charger les Anglais et parvint à s'emparer des hauteurs. Repoussé sur tous les points, Ruffin renonça au projet de s'emparer de Chiclana, et fit cesser le feu à trois heures après-midi. Le soir, la colonne française rentra dans les retranchemens. Ce combat fut très-acharné ; les Français y perdirent trois mille hommes, et les alliés trois mille cinq cents. L'expédition n'ayant pas réussi, sir Graham et les Espagnols rentrèrent à Cadix.

Cette affaire fut d'autant plus honorable pour les troupes françaises, que les alliés avaient réuni plus de vingt-deux mille hommes, et qu'on ne put leur en opposer que dix mille (1).

Cependant la position que le maréchal Massena occupait à Santarem, devenait de jour en jour plus difficile. A force d'aller à la maraude, les détachemens ne trouvaient plus rien;

---

(1) L'auteur de la *Guerre d'Espagne*, après avoir fait battre les Français, ce qui ne lui coûte qu'un coup de plume, avoue que l'expédition n'eut aucun but, et qu'elle ne servit qu'à sacrifier des hommes. Il s'extasie ensuite sur l'intrépidité anglaise, et moralise les généraux espagnols. Suivant lui, les habitans de la péninsule ont du courage, mais aucune instruction, aucun talent; il les invite poliment à céder sur toutes choses la suprématie à leurs alliés. Il est évident que l'auteur n'a pas relu son ouvrage, et qu'il écrivit ce paragraphe à Londres en 1812.

tout était épuisé, les caches les plus secrètes avaient été connues. L'armée tombait d'inanition; depuis plus d'un mois les officiers ainsi que les soldats n'avaient pas mangé de pain. De grandes chaleurs pendant le jour, des froids très-vifs la nuit, les plüies continuelles, l'humidité des bivouacs, la continuité des marches et des fatigues avaient énervé le soldat. Cette armée si belle six mois auparavant, en entrant en campagne, ne paraissait plus la même; elle était changée au moral comme au physique. Les communications avec l'Espagne étaient coupées. Silveyra avec ses Portugais se trouvait sur toutes les routes. Un courrier, quoique escorté par quatre ou cinq mille hommes, pouvait à peine passer. Les détachemens isolés étaient attaqués, quelquefois battus. L'ennemi prenait de la force et de la consistance, tandis que l'armée française périssait de faim et de misère.

Ces considérations déterminèrent le prince d'Esling à battre en retraite. Il commença à l'effectuer dans la nuit du 5 au 6 mars. Wellington se mit aussitôt à sa poursuite. Il atteignit l'arrière-garde à Pombal; quelques charges de cavalerie s'engagèrent; la perte fut égale de part et d'autre.

Le 11, le général français prit position à Redinha. Le duc d'Elchingen prit le commandement de l'arrière-garde. Il laissa passer tous les bagages. Le 12 mars, il reçut l'attaque des Anglais et les repoussa. La route n'étant plus obstruée, il fit sa retraite en ordre par échelons, ménageant avec art tout ce que le terrain lui offrait de favorable. Des charges faites plusieurs fois à propos forcèrent les Anglais à ne pas trop s'approcher.

Cependant le maréchal Ney ayant été instruit que l'ennemi avait jeté un corps de douze à quinze mille hommes dans Coimbre, ne douta point que l'intention du général anglais ne fût de couper totalement l'armée ou de l'acculer au Mondego.

Dans cette position critique, le duc d'Elchingen partit le 13 à deux heures du matin, et dirigea sa marche sur la Condeixa, village qui se trouve à deux lieues de Coimbre. Le pays montagneux est couvert de bois, et on voit, de distance en distance, des monticules qui offrent de belles positions. La veille l'arrière-garde se battait à Redinha. L'ennemi était sorti de Coimbre, et s'était retranché sur les monticules. Ainsi l'armée se trouvait prise en tête et en queue; mais les soldats français ne furent intimidés ni par le nombre ni par le danger de leur position; ils se firent jour à la baïonnette, et contraignirent l'ennemi de rentrer dans la place. Le prince d'Esling fit sommer le gouverneur de se rendre; celui-ci n'ayant pas répondu à la sommation qui lui fut faite, et le général français ayant su que Coimbre était occupée par un corps considérable, que les maisons étaient crénelées et les faubourgs fortifiés et palissadés, il renonça à l'idée de forcer le passage, et il continua sa retraite sur Miranda de Ciervo.

L'ennemi ayant aperçu cette marche de flanc, envoya de suite un corps considérable à travers les montagnes pour couper la route : ce corps ayant une longue route à parcourir, ne put arriver à temps, et il fut contenu par l'arrière-garde.

L'armée française prit position sur des hauteurs à une lieue de la Condeixa. Là le duc d'Elchingen donna lui-même l'exemple, il fit brûler ses voitures; il ordonna qu'à son exemple on brûlât tout ce qui était inutile ou de luxe, et que les soldats employés à conduire les bagages rentrassent dans les rangs.

Le 14 au matin, l'ennemi attaqua l'arrière-garde; il fut reçu avec vigueur et il perdit beaucoup de monde. Le maréchal jugeant que tous les bagages et l'artillerie de réserve devaient être éloignés, ordonna la retraite par échelons; la première ligne se forma derrière la troisième; les brigades se relevèrent successivement. Chaque position était désignée; les chefs de corps trouvaient de suite les aides de camp qui les conduisaient sur le terrain qu'ils devaient défendre. L'arrière-garde prit position en avant de Miranda, après avoir fait éprouver à l'ennemi une perte considérable.

La retraite continua par Ponté de Murcilla. Le prince d'Esling prit une forte position sur la droite de Ceira, en face d'Orenzé. Le 15, ce village fut attaqué par l'ennemi. La division Foy qui le défendit se couvrit de gloire. Le duc d'Elchingen avait parfaitement disposé ses troupes. Elles étaient placées derrière un espèce de rideau, au-delà d'un ruisseau dont les pluies avaient fait un torrent. Au signal donné, la retraite se fit par échelons, derrière le ravin; toute l'arrière-garde prit position sur la hauteur.

Le maréchal continua à se retirer, il fut peu incommodé par l'ennemi. Le 3 avril, le prince d'Esling prit position près de Sabugal. Les postes avaient l'ordre de se retirer aussitôt que les Anglais paraîtraient. Ceux-ci s'étant avancés inconsidérément, on les fit repentir de leur témérité. Chargés vigoureusement, ils essuyèrent une perte assez grande, et se retirèrent en désordre sur leurs masses. Le général français fit alors passer l'Aguéda à toute son armée, laissant dans Almeida une garnison de trois mille hommes.

La retraite du Portugal était devenue nécessaire ; il était impossible au prince d'Esling d'occuper plus long-temps Santarem. Son armée était considérablement affaiblie par les assassinats commis par les Portugais et par le manque de vivres. Cependant cette retraite fut bien préjudiciable aux armées françaises. Elle rendit disponibles les nombreux renforts que Wellington avait reçus d'Angleterre. Ce général, au lieu de poursuivre Massena, dirigea ses colonnes sur l'Estramadure, que le maréchal Soult venait de conquérir, et où la défaite de Mendizabal, attestant le courage français, avait fait une impression puissante sur l'esprit des habitans.

Le duc de Dalmatie avait laissé dans cette province les troupes nécessaires pour la conserver. Ces troupes étaient sous les ordres de M. le comte d'Erlon qui, lors de la retraite du prince d'Esling, avait marché sur l'Estramadure. Le général français s'était retiré à Séville, point central de ses opérations. Sa présence y était nécessaire, pour s'opposer aux nouvelles expéditions que les Anglais projetaient; pour faire face aux guérillas qui, parcourant l'Andalousie, désiraient faire des recrues dans cette province appelée la *Gascogne de l'Espagne.*

Le 15 avril, les Anglais s'emparèrent d'Olivenza qui n'était défendue que par quinze cents hommes. Le 21, les deux généraux anglais Wellington et Beresford se concertèrent et firent une reconnaissance sur Badajoz. Les troupes chargées de la protéger furent attaquées par le général Philippon, gouverneur de la place; elles souffrirent beaucoup. Le 3 mai, la tranchée fut ouverte. Le brave Philippon se couvrit de gloire; il défendit les approches de la place par des sorties faites à temps. Il utilisa tous ses moyens. Enfin il empêcha, pied à pied, les ouvrages d'avancer. Le 10, à la tête de douze cents hommes, il fit une sortie, détruisit la tranchée, et ne se retira que devant des forces supérieures.

Le même jour, le duc de Dalmatie réunissait tout ce qu'il avait de disponible; il tirait des troupes de toutes les garnisons, et marchait au secours du brave Philippon. Beresford, instruit de ce mouvement, leva le siége et alla prendre position près d'Albuera. Il fut renforcé le 15 mai par le général espagnol Blacke. Wellington, informé des mouvemens offensifs du prince d'Esling, était retourné en Portugal.

Le 16 mai, le maréchal Soult, arrivé près d'Albuera, attaqua l'ennemi. Les Espagnols furent chassés de leurs positions. Les Anglais soutinrent davantage; cependant le désordre se mit dans leurs rangs; la cavalerie française chargea sur les masses anglaises qui se mirent en retraite. La victoire était gagnée et l'armée alliée perdue. Les généraux anglais la rallièrent; ils se conduisirent avec bravoure et habileté, firent soutenir les colonnes qui fuyaient par les réserves, ralentirent la vivacité française et conservèrent le terrain. Le combat cessa sur les trois heures. Les deux armées restèrent dans les mêmes positions qu'elles avaient avant l'affaire. Les alliés perdirent de dix à douze mille hommes, et les Français de huit à neuf mille combattans (1).

---

(1) L'auteur de la *Guerre d'Espagne* n'a pas quitté la manie de donner des conseils; il prétend, page 184, que le combat d'Albuera fut donné mal à propos. Ne sait-il pas que le secret des cabinets n'est pas connu du vulgaire? Ne sait-il pas que si le duc de Dalmatie n'eût pas battu les Anglais, il eût été contraint de rester en Estramadure, et que Séville était le centre de ses opérations? Ne sait-il pas enfin que Turenne pouvait juger Condé; et que lui, Sarrazin, n'a pas le droit de juger un guerrier renommé?

Le maréchal, par ce combat, remplit le but qu'il s'était proposé; il força les Anglais à lever le siége de Badajoz. Il resta encore deux jours près des alliés, semblant les défier; ceux-ci n'osant pas l'attaquer. Il se replia sur l'Andalousie, afin d'empêcher les efforts de Valastéros et consorts qui cherchaient à soulever cette belle province.

Le prince d'Esling cherchait à faire diversion à l'ennemi, et à l'empêcher de porter de nouvelles forces en Estramadure. Le 2 mai, il passa l'Aguéda. Le 3, il dirigea l'armée sur Almeida. Wellington l'attendit; il appuya sa gauche au fort de la Conception, et sa droite à Nava de Avel. Cette position était très-forte; le maréchal Massena la fit attaquer par le 6e corps, auquel il ordonna de s'emparer de Fuentè de Mora. Ce village fut pris et repris plusieurs fois; de part et d'autre on se battit avec une égale valeur; enfin, par un accord tacite, on se partagea ce poste. Le 5, à la pointe du jour, l'attaque recommença; Posobello fut enlevé à la baïonnette; l'ennemi fut chargé sur tous les points. Étonné de notre vigueur, il fut culbuté et chassé de ses lignes. Il était battu et en pleine déroute, lorsque, on ne sait trop pourquoi, les ordres furent donnés aux colonnes de s'arrêter. Le 6, les deux armées conservèrent leurs positions. Le 7, le prince d'Esling se retira sur Saint-Felicès, passant l'Aguéda près de ce village.

Un brave, un chasseur du 6e régiment d'infanterie légère traversa le camp ennemi, il pénétra dans Almeida; il porta au général Brenier, qui commendait cette place, l'ordre de la faire sauter, de l'évacuer et de rejoindre l'armée à Saint-Felicès. Cet ordre fut exécuté le 10. Le brave Brennier ayant réuni sa garnison, lui communiqua les instructions qu'il avait reçues; il lui fit voir dans quelle direction se trouvait Saint-Felicès. A onze heures du soir il sortit de la place, et il arriva aux avant-postes ennemis au moment où la mine commençait son effet. Les Anglais, attaqués vivement par sa petite colonne, se replièrent; il les enfonça et arriva sans perte au lieu du rendez-vous (1).

(1) M. Sarrazin montre ici toute sa partialité. Il blâme le général Brennier d'un fait d'arme qui lui fait le plus grand honneur; il dit qu'il viola les usages consacrés par des siècles. Comme si, dans tous les temps, la guerre n'a pas été l'art de faire le plus de mal à son ennemi! Il ose enfin publier que la sortie eût été faite d'après les règles, si l'on eût laissé la place et les magasins qu'elle contenait, intacts. La phrase de M. Sarrazin est peu cemmune; elle est tellement anti-française, que je me permets de la copier.

« Je n'aurais point *censuré* Brennier avec tant de » rigueur, s'il avait laissé intacts la place et les maga- » sins. Son mouvement m'aurait paru une sortie vi- » goureuse, dont le succès inespéré lui avait donné » l'idée d'en profiter pour se soustraire à la captivité; » mais il mérite bien les reproches de lord Welling- » ton, en privant l'armée alliée des ressources dont » elle avait fait la légitime conquête, par le sang pré- » cieux versé *à fonte de onora* »............... Quel bon Français que ce général Sarrazin !!!

L'armée française dite *de Portugal* ayant repassé l'Aguéda, Wellington, après avoir donné les ordres nécessaires pour rétablir Almeida, partit de cette ville le 16 mai; il arriva le 19 à Elvas. Après avoir visité l'intérieur du pays, ce chef des alliés porta son quartier-général près Badajoz, et fit investir cette place. La tranchée fut ouverte dans la nuit du 29 au 30 mai. Le 6 juin, la brèche, faite au fort Saint-Christoval, est jugée praticable. L'assaut se donne à dix heures du soir; les assiégeans sont repoussés, après avoir éprouvé une perte considérable. Le général Philippon, unissant les talens au courage, rendit les efforts des alliés inutiles. On le voyait au milieu des dangers où il y avait de la gloire à acquérir; on le voyait dans les sorties, soutenant la retraite, allier la valeur au sang-froid. Les soldats, pleins de confiance dans leur gouvernéur, se reposaient sur lui seul du soin de leur conservation.

Le 9 juin, la brèche fut de nouveau jugée praticable; l'ennemi donna un second assaut qui eut le sort du premier ; les Anglais furent repoussés partout. Ces pertes réitérées, la bravoure de la garnison et la nouvelle de l'arrivée d'une armée française, déterminèrent le général anglais à lever le siége, ce qu'il exécuta le 10 juin.

Le 18 juin, l'armée du Midi fit sa jonction avec l'armée de Portugal, commandée par le duc de Raguse (1). Wellington se retira et prit position sur la Caya, dans les environs d'Aronchès. Le 22, les généraux français firent pousser de fortes reconnaissances sur Elvas et Campo-Major, afin d'avoir des renseignemens sur les mouvemens de l'ennemi. La position des Français, en Espagne, était tellement précaire qu'ils n'étaient instruits des manœuvres de l'ennemi que par les éclaireurs qu'ils envoyaient, tandis que, dans les villages,

---

(1) Le prince d'Esling n'ayant pu s'accommoder au climat de l'Espagne, avait demandé et obtenu un congé.

les paysans comptaient nos soldats, et instruisaient les Anglais de l'arrivée ou du départ des colonnes.

Wellington persistant à rester sur la Caya, et refusant le combat, des détachemens français parcoururent le pays ; ils firent rentrer les paysans dans le devoir. Le maréchal Soult, ayant laissé dans l'Estramadure le peu de troupes qu'il avait de disponibles, retourna en Andalousie. A peine était-il à Seville, qu'il dirigea une attaque contre l'armée de Murcie. Le 9 août, il marcha sur les Espagnols et les chassa de leur position ; l'infanterie fut mise dans la plus grande déroute, elle se sauva en désordre gagnant les montagnes. Le 10, la cavalerie, chargée vigoureusement, fut mise à la débandade ; enfin, de vingt mille hommes qui composaient cette armée, à peine quatre mille gagnèrent-ils Murcie et Carthagene. Cette brillante affaire ne coûta pas aux Français cinq cents hommes ; elle mit le royaume de Grenade à l'abri d'une expédition ; elle anéantit l'armée de Murcie. Tout étant calme de ce côté, le duc rentra à Séville, afin d'être à même de secourir les troupes qu'il avait laissées en Estramadure.

Le comte d'Erlon, commandant les troupes laissées dans cette province, dirigea une expédition sur l'embouchure de la Guadiana; il chassa Balastéros, lui fit éprouver une perte considérable et le força à s'embarquer.

Le général Suchet continuait ses conquêtes en Aragon; son armée, qui n'avait devant elle que des Espagnols, pleine de confiance dans son habile général, les battait à chaque rencontre.

Le général français ayant réussi à s'emparer du fort de Balaguer, forma le siége de Tarragone. Après deux mois de siége et cinq assauts consécutifs, cette place fut emportée d'assaut, le 28 juin 1811. La terreur du soldat français, exaltée par la résistance qu'il avait éprouvée, n'eut pas de bornes. Quatre mille soldats espagnols furent tués dans la ville; dix mille, dont cinq cents officiers, y furent faits prisonniers. On trouva vingt drapeaux, trois cent quatre-vingt-quatre bouches à feu, cinq cents milliers de poudre, etc. (1).

Le général Suchet, peu de jours après la prise de Tarragone, reçu le bâton de maréchal. Cette récompense était bien méritée par les exploits et les talens que ce général distingué

---

(1) Page 209. L'auteur vante son impartialité. Le lecteur a dû voir, par les notes, combien M. Sarrazin est impartial. Tarragone fut prise d'assaut. Il n'y a pas de militaire qui ne sache ce que c'est qu'une ville prise d'assaut. Écoutons l'auteur. *A Dieu ne plaise que je cherche à justifier la conduite arbitraire de Suchet en faisant connaître les torts du gouverneur! Je désire convaincre le lecteur de mon impartialité, et lui bien inculquer que la valeur ainsi que la sévérité ont des bornes invariablement tracées par la raison et par l'honneur.* N'est-il pas plaisant d'entendre M. Sarrazin nous parler de son impartialité, de son honneur ? N'est-ce pas le cas de dire : Où diable va-t-il se placer ?

n'avait cessé de déployer depuis son entrée en campagne.

Le 1er août, l'armée du Portugal occupait Placentia; lord Wellington suivit son mouvement; il porta son armée près de Castel Braner, et, peu de jours après, il prit position sur la Coa. Malgré cette manœuvre, le duc de Raguse conserva sa position; alors le général anglais s'approcha de Ciudad-Rodrigo, et fit le blocus de cette place. Les armées françaises, dites du *Nord* et du *Portugal*, se réunirent et marchèrent sur lui. Le général anglais, instruit de ce mouvement combiné, leva le blocus et se retira dans la position de Fuentè-Guinaldo qu'il avait fortifiée; craignant encore d'y être forcé, il battit en retraite sur Alfayales, laissa une forte arrière-garde à Aldea de Pontè, et arriva le 27 à Villas. Ce village fut attaqué; les Français y firent une forte reconnaissance. Ciudad-Rodrigo ayant été ravitaillé, le manque de magasins empêchant les armées d'être long-temps réunies, elles rentrèrent dans leurs cantonnemens (1).

Wellington occupa de nouveau son camp retranché de Fuentè-Guinaldo; le général Hell fut détaché sur la rive gauche du Tage; le général espagnol Castanos s'occupa de rallier les fuyards et d'organiser un corps d'armée sous la protection du général anglais, entre la Guadiana et le Tage.

---

(1) Le lecteur judicieux observera que, lorsqu'on voulait faire de longues expéditions, le soldat portait sur son sac pour quinze jours de biscuit; il observera que, s'il tombait de l'eau pendant la marche des colonnes, ce biscuit fondait et se détrempait; qu'alors le soldat n'avait plus que de la viande en petite quantité; il observera enfin que le pays avait été ravagé et brûlé par les deux armées; que les moulins avaient été détruits, que chaque compagnie portait des moulins dits à la *Marmont*. Tout cela est échappé à la sagacité de M. Sarrazin. Page 230. L'auteur parle de la surprise de Sant-Ander. Comme sur les autres points, il ne fait que répéter ce qu'il a entendu dire à Londres par les oisifs des cafés.

Le duc de Dalmatie, instruit que ce général avait réuni beaucoup de recrues, ordonna au général Girard d'aller dissiper ces rassemblemens. Le général Girard partit d'Ameida avec sa division; il fouilla avec succès la partie du pays qu'occupait Castanos, et le força de rentrer en Portugal; il continua ensuite son mouvement, faisant rentrer dans l'ordre les différentes communes insurgées. Le général anglais Hell, informé par les paysans du nombre des troupes et de la mission du général français, résolut de le surprendre. Le 28 août, à sept heures du matin, favorisé par un brouillard épais, il attaqua le général Girard, qui déjà avait fait partir sa première brigade sur Medellin. Quoique les Anglais fussent dix fois supérieurs en nombre, le général Girard montra la plus grande intrépidité, il rallia sa brigade, s'empara des hauteurs et parvint à se retirer en ordre, tirant parti des localités et ralliant souvent sa petite colonne sur les montagnes.

Le maréchal Suchet, voulant mettre à profit la prise de Tarragone, se porta sur le général Campo-Verde et le battit, il marcha ensuite sur la province de Valence.

Il s'empara, le 28 juillet, de la ville de Murviedro, et il bloqua le fort d'Oreposa. Informé que les généraux Odenell, Valla-Campa, et Sant-Juan, réunissaient une armée, et qu'ils avaient pris position à la Chartreuse de Porto-Cœli, le maréchal partit le 1er octobre avec la division Harispe, la brigade Robert et sept cents chevaux. L'ennemi ayant été reconnu fut attaqué aussitôt; son avant-garde fut culbutée par les hussards du 4e et quelques compagnies de voltigeurs du 7e de ligne.

Le maréchal Suchet, s'étant assuré des forces que l'ennemi avait réunies à la Puebla de Beneguacil, ordonna de le charger avec vigueur. Les généraux Harispe et Paris, à la tête du 7e de ligne formé en colonnes d'attaque par bataillons se précipitèrent sur les Espagnols, les enfoncèrent et les mirent dans une déroute complète. En vain Odonell voulut-il opérer sa retraite, il fut chargé par le 4e hussards; ses masses furent renversées et mises en fuite. Cette armée, qui menaçait d'empêcher les travaux du siége d'Oreposa, fut anéantie, et les chefs se retirèrent avec quelques fuyards dans les montagnes, avouant qu'ils étaient battus mais non vaincus, et se disposant à former une nouvelle armée.

En effet Blacke, après avoir été chassé de Murcie, réunit un corps de plus de vingt mille hommes d'infanterie et de trois mille chevaux, vint prendre position sur les hauteurs du Puch, appuyant sa droite à la mer; il était flanqué par une flotte anglaise, et sa gauche s'étendait du côté de Livia. Le maréchal Suchet, instruit de ce mouvement offensif, laissa le général Balathier avec six bataillons devant Sagonte. Le général Compère avec quinze cents hommes fut chargé d'observer la route de Segorbe; ces troupes servaient de réserve aux généraux

Schopiseki et Robert destinés à agir par le défilé de Gilet et à occuper la droite.

Le 25 octobre, l'action commença à sept heures du matin; les tirailleurs français furent ramenés par les masses ennemies qui s'avançaient au pas de charge. Mais le général Harispe, s'étant porté avec le baron Paris sur les Espagnols, les affaires changèrent de face; les alliés, attaqués vigoureusement, essayèrent en vain de se reformer, ils ne purent y parvenir; ils furent culbutés sur tous les points; on leur fit quatre mille six cents prisonniers; on leur prit seize pièces de canons et six drapeaux.

Le maréchal Suchet profita habilement de sa victoire et de la prise des forts de Sagonte; il serra de près la place de Valence. Le 3 novembre, la division Habert s'empara du faubourg Cesano et s'y maintint. Le général fit investir la ville; il établit sa droite à Lyria, sa gauche à Grao, et son centre aux faubourgs de Valence. Bientôt nous nous emparâmes de tous les ouvrages extérieurs et de quatre-vingt-une pièces de canons; Blacke n'eut plus d'autre refuge que l'intérieur de la place.

Le 9 janvier 1812, cette ville opulente se rendit. Le général Blacke y fut fait prisonnier avec vingt mille des siens. Les Français trouvèrent dans cette place deux cent soixante-quatorze bouches à feu et des magasins immenses. Loin de se venger des atrocités qui avaient été commises sur ses compatriotes, le maréchal fit régner l'ordre et la discipline; il se ménagea des ressources, organisa son administration. Son armée, bien payée, bien vêtue, bien nourrie, ne ressentait rien des misères de cette guerre désastreuse.

Toute la province ne tarda pas à se soumettre; Alcyra, Saint-Philippe, Gaudia et Dénia envoyèrent les clefs de leurs villes. On trouva dans Dénia soixante-neuf bouches à feu.

Le 20 décembre, le général Leval forma le siége de Tarifa; ce siége fut poursuivi avec vigueur, et la place allait tomber en notre pouvoir, lorsque les mouvemens du général Hill, en Estramadure, forcèrent de lever le siége et de réunir les troupes.

Wellington arrivait à la même époque devant Cuidad-Rodrigo; l'investissement de cette place ne dura qu'un jour. Le 19 janvier 1812, après dix jours de canonnade, le général anglais fut informé, par un habitant, d'un endroit faible où la brèche avait été pratiquée, et qui n'avait pas été réparée. Il fit ses préparatifs dans le plus grand secret. A dix heures l'assaut fut donné; les Anglais pénétrèrent dans la ville; la garnison, forte de dix-sept cents hommes, se rendit à discrétion (1).

---

(1) L'auteur de la *Guerre d'Espagne* nous a cité plus haut son impartialité, son honneur; je crois devoir transcrire ici la sentence qu'il prononce contre les mauvais écrivains, ces pygmées qui se mêlent de juger ce qu'ils ne peuvent comprendre. Écoutons-le parler.

« Combien ne doit pas se méfier, le lecteur, des

Le général anglais, ayant ravitaillé la place et y ayant laissé une garnison suffisante, se porta sur l'Estramadure (1), et marcha avec

» sentences foudroyantes prononcées à tort et à tra-
» vers par une foule d'écrivains qui s'établissent juges
» suprêmes des généraux, parce que l'autorité, jalouse
» de diriger à son gré l'opinion publique, leur four-
» nit les moyens de subsistance, avec la certitude de
» l'impunité de leurs virulentes diatribes ». M. Sarrazin, qui ne craint pas les applications, doit savoir pourquoi les Anglais lui doivent 60,000 livres sterling. Quel homme délicat !!

(1) M. Sarrazin est étonné que la retraite des Asturies n'ait pas été troublée. Ici, comme dans les autres paragraphes, l'auteur est mal informé. La retraite des Asturies fait le plus grand honneur au général Bonet ; il déjoua les entreprises des Espagnols qui s'étaient réunis au nombre de vingt mille, sous les ordres des Mahi, Bareina, Marquisitto, etc. Aidé du brave Gauthier, colonel du 120e régiment, le général Bonet traversa le Puerte de Pajarès au milieu de l'hiver, malgré vingt pieds de neige, et, quoiqu'il n'y eût aucun chemin de praticable, par les efforts d'un courage surnaturel, il parvint à sauver son artillerie.

son armée sur Badajoz. Le 11 mars, il arriva à Elvas. Le 16, il fit investir Badajoz. Le 19, le général Philippon, qui avait toujours le commandement de la place, et qui conservait le même courage et le même sang froid qui l'avaient fait distinguer aux attaques précédentes, fit une sortie; il parvint à détruire une partie des ouvrages avancés. Le 26, le lord Wellington s'étant aperçu que le fort Lapicurina lui était très-avantageux, et que les palissades étaient en très-mauvais état, le fit vivement canonner; en même temps il fit avancer mille hommes d'élite qui parvinrent à s'y loger. En vain le brave Philippon les contraignit-il à se retirer, il ne put s'y maintenir; les Anglais, malgré ses efforts, en restèrent les maîtres. Le 6 avril, les brèches ayant été jugées praticables, l'assaut fut donné à dix heures du soir. Les alliés furent repoussés de quatre endroits. Mais le nombre l'emporta sur le courage et la valeur; les soldats anglais, pressés les uns sur les autres, montèrent sur les cadavres de leurs camarades et parvinrent à escalader les remparts; on se battit plus de deux heures dans les rues. Le brave général français, voyant que tout espoir était perdu, se refugia, avec ce qui lui restait de monde, dans une église; là il tint encore quelque temps; enfin toutes ses munitions étant épuisées, il se rendit prisonnier avec les débris de sa garnison. Ainsi fut prise Badajoz, ancienne ville, boulevard du Portugal. Dans l'espace de quinze mois, elle soutint trois siéges; et si, dans le dernier, le brave Dubreton succomba, c'est qu'il fut trahi par les habitans, qui enseignèrent aux généraux ennemis les endroits les plus faibles et de facile accès. Les alliés perdirent dans la nuit du 6 près de quatre à cinq mille hommes; ils rendirent unanimement justice au mérite du général français et à sa courageuse garnison.

Le duc de Dalmatie réunissait une armée tirée de tout ce qu'il pouvait prendre de disponible dans les garnisons, lorsqu'il apprit que Badajoz était tombée au pouvoir de l'ennemi.

Étonné de ce que Wellington eût réussi aussi promptement, craignant qu'il ne dirigeât ses efforts sur l'Andalousie, le maréchal visita cette province et fit fortifier tous les postes de manière à les lier les uns avec les autres et à être averti du moindre mouvement de l'ennemi (1).

Chaque jour voyait diminuer le nombre des Français, et chaque jour au contraire voyait augmenter celui de leurs adversaires. Obligés de garder un pays immense, ceux-là étaient faibles sur tous les points, tandis que les autres

---

(1) Nous avions affaire à un ennemi tellement supérieur en nombre qu'on le trouvait partout. Il était de suite instruit de nos moindres mouvemens. A peine le duc de Dalmatie eut-il réuni le nombre de troupes nécessaires pour faire face aux Anglais, et se fut-il porté en Estramadure, que Séville se vit attaquée par la cinquième armée espagnole ; la garnison fut contrainte de se retirer dans la ville, et elle ne fut débloquée que par le retour du général français.

se concentraient quand ils le voulaient, et marchaient avec sécurité, certains de ne point être trahis. L'empereur Napoléon connaissait la situation de son armée; il connaissait les privations sans nombre qu'elle éprouvait; il connaissait la grandeur des périls, l'exaspération des habitans, et les combats partiels qu'il fallait livrer chaque jour. Il avait résolu, au commencement de la campagne de Russie, de concentrer toutes les troupes sur l'Ebre. Les ordres mêmes étaient donnés pour effectuer ce mouvement. La prise de Valence, celle du général Blacke et de vingt mille hommes, mirent obstacle à l'exécution de ce plan qui, s'il eût été exécuté, eût empêché les désastreuses journées d'Arapilès et de Vittoria, où l'on vit un général ennemi, jusqu'alors prudent, se faire une réputation colossale, et passer, dans l'esprit de certaines gens, pour un grand capitaine.

Cependant des bruits sourds annonçaient que le Nord n'était pas tranquille; que les deux plus puissans empires de l'Europe, jaloux l'un de l'autre, avaient fait un appel aux braves, et que la guerre paraissait inévitable. Cette nouvelle lutte mécontentait l'armée d'Espagne. Les soldats voyaient partir leurs frères d'armes avec envie, ils désiraient les suivre. Tous ne combattaient qu'avec répugnance. La longueur de la guerre, en lassant leur patience, avait énervé leur courage; ils étaient devenus presque aussi mous que les Espagnols, que naguère ils leur suffisaient de voir pour en être vainqueurs (1).

---

(1) En lisant M. Sarrazin, on ne peut s'empêcher d'admirer sa bonne foi; il aime quelquefois à se juger. Par exemple, il dit, page 274 : « Loin de moi tout » esprit de censure mal intentionné, l'histoire ne » partage point l'enthousiasme des feuilles périodi- » ques; l'éclat d'un succès ne doit pas en absorber les » défauts. »

Eh, quoi ! M. Sarrazin, vous ne craignez pas cette juste sévérité que vous semblez invoquer ? Vous avez

La guerre de la péninsule, grande par elle-même, mais bien moins que celle du Nord, n'attira plus l'attention de l'empereur; il se vit contraint de faire sortir des régimens qui depuis quatre ans n'avaient cessé de souffrir et de combattre, et il donna l'ordre à sa garde, qui se trouvait à Valadolid, de rentrer en France. L'armée dite du Nord fut dissoute, et les armées françaises en Espagne considérablement diminuées.

Pendant que les troupes françaises repassaient les Pyrénées, Wellington recevait de nouveaux renforts. Son gouvernement le mettait à même de poursuivre la guerre avec vigueur. Le général anglais ayant fait ses dispositions, passa l'Aguéda le 13 juin, et marcha sur l'armée dite de Portugal. Le maréchal duc de Raguse, informé que Wellington avait

---

donc perdu le sentiment de la honte ? Ou bien vous croyez que l'amour de la patrie, ce sentiment sacré qui échauffe et vivifie les ames, est éteint dans le cœur de vos compatriotes ?

réuni ses troupes, évacua Salamanque. Il laissa sept cents hommes dans les deux forts qu'il avait fait construire et qui dominaient la Tormès. Pendant huit jours, il se tint à portée de l'ennemi, de manière à être vu de la garnison des forts, manœuvrant tantôt sur une rive de la Tormès, tantôt sur l'autre. Mais instruit, le 20 juin, que l'ennemi avait donné un assaut général, qu'il avait réussi ; que toutes ses masses l'avaient rejoint, et qu'il était dans l'intention d'en venir aux mains, M. le maréchal ne voulut point compromettre le salut de l'armée ; il passa la Duero, et fut prendre position derrière ce fleuve.

Le 16 juillet, la division Bonet vint renforcer l'armée. Ce général n'avait pas reçu d'ordres ; mais, informé que l'ennemi était réuni et qu'il manœuvrait, il avait cru devoir évacuer les Asturies, et il s'était porté à marches forcées sur la Duero. Sa division, composée de vieilles troupes, animées d'un bon esprit, était forte de huit mille hommes.

Les 16 et 17 juillet, l'armée passa le Duero au pont de Tordésillas. Le maréchal prit position à Nava del Rey. Il avait feint de vouloir faire passer son armée à Toro. Les troupes firent plus de douze lieues de pays. Le 18 on atteignit les Anglais dans leur belle position sur la Guarena. Le général Clauzel attaqua leur gauche; n'ayant pas été soutenu, il fut forcé de se retirer. Le 19, les deux armées marchèrent parallèlement. On échangea quelques coups de canons. Le 20, l'armée traversa la Guarena, elle fut camper sur les hauteurs de Cantala-Pietra. Le 21, l'armée passa la rivière de Tormès à trois lieues au-dessous de Salamanque, et elle bivouaqua sur les hauteurs de Calbasa de Ariba.

Le 22 juillet, la division Bonet, qui se trouvait d'avant-garde, commença le mouvement au point du jour; elle marcha dans la direction de Ciudad-Rodrigo; mais bientôt elle fit un changement à droite, et elle s'empara du premier mamelon dit des Arapilès, au moment où une colonne portugaise y montait. Cette colonne fut chassée, et nous occupâmes le mamelon. Cette espèce de butte devenait un point très-important; de là les regards découvraient toute la plaine, la vue embrassait l'horizon. De cette petite montagne on voyait distinctement Salamanque; on voyait aussi les camps ennemis, placés dans un petit bois voisin (1). Le duc de Raguse ayant reconnu combien cette position était avantageuse, y établit son quartier-général. On

---

(1) L'auteur de la *Guerre d'Espagne* veut absolument que les Français soient des lâches. Suivant lui, le premier mamelon ne fut emporté que par la supériorité du nombre. Heureusement que tous les Français ne sont pas des Sarrazins. Je puis assurer à l'auteur anglomane, qu'à la prise de ce mamelon je reçus une balle à travers l'aisselle gauche, que les Anglais se défendirent avec opiniâtreté, et que je fus très-satisfait des braves voltigeurs qui les chassèrent et qui s'établirent sur le mamelon.

y forma une batterie; nos grenadiers démontèrent les pièces, et les y portèrent à force de bras. Vis-à-vis notre mamelon se trouvait l'autre montagne des Arapilès, éloignée d'une forte portée de fusil. Nous n'eûmes pas le temps de nous emparer de cette seconde monticule; Wellington nous prévint. Il s'y porta avec son état-major-général. Il disposa son armée derrière lui, il l'avait pour ainsi dire concentrée sous sa main. Toutes ces dispositions demandèrent du temps; jusqu'à midi des deux côtés on n'avait que manœuvré sans en venir aux mains. Mais, vers une heure, un feu très-vif d'artillerie s'engagea; les Portugais, qui recevaient tous les coups, se retirèrent en désordre. En même temps deux régimens de la division Bonet s'emparèrent du village des Arapilès; l'ennemi tenta de les débusquer, il ne put y réussir; les soldats français combattirent avec la plus grande valeur. Clinton et l'élite des troupes alliées ne purent parvenir à les déloger. Le brave colonel Dorsay commandait la colonne qui défendit ce village (1).

Le général Thomière avait reçu l'ordre d'observer la route qui conduit à Ciudad-Rodrigo. Ce général, emporté par la fougue française, étendit sa gauche et la porta à plus de deux lieues du centre. Le général anglais s'aperçut de ce faux mouvement, il fit aussitôt avancer une forte colonne qui chercha à couper l'aile gauche des Français. Dans le même temps M. le maréchal qui, du mamelon des

---

(1) L'armée française à Salamanque ne comptait que trente-cinq mille baïonnettes. Plus de vingt hommes par compagnie avaient été détachés pour les vivres. L'armée anglaise était de quatre-vingt mille hommes. Elle était encouragée par les habitans de Salamanque qui ne cessaient de porter aux soldats du vin et des vivres. Cependant la victoire ne tint qu'à un fil; tout fait même présumer que, sans la fausse manœuvre du général Thomière, nous serions restés maîtres de nos positions.

Arapilès, voyait l'énorme faute qu'avait faite le général Thomière, lui envoyait des ordres pour concentrer sa division et se replier sur le centre, lorsqu'un biscaïen partit des batteries ennemies, lui fracassa le bras et les deux côtés. Alors le désordre se mit dans les rangs, la division Thomière fut enfoncée et presque anéantie. Ce général paya de sa vie son imprudence; les soldats, fuyant honteusement, se jetaient à la débandade sur les colonnes qui tenaient ferme; une terreur panique s'emparait de l'armée. Déjà elle n'offrait plus de résistance, lorsque le baron Clauzel, officier général du premier mérite, et d'une bravoure à toute épreuve, prit le commandement de l'armée. Il rétablit l'ordre de bataille, il réunit la division Bonet avec quelques régimens, il les mit en position sur les hauteurs d'Aribaja et les fit soutenir par une batterie de quinze

(1) Le général Bonet avait été blessé grièvement dès le commencement de l'action.

pièces. L'ennemi, étonné de cette manœuvre hardie, resta en colonnes dans la plaine sans oser avancer. On lui fit un mal considérable. A neuf heures du soir, le général français fit évacuer la position; les troupes passèrent la Tormès. Cette bataille coûta aux Français cinq mille tués ou blessés et quinze cents prisonniers. L'ennemi, de son propre aveu, perdit six mille sept cents hommes.

Le 23 juillet, l'armée se mit en retraite. L'ordre n'était pas encore parfaitement rétabli. Les Anglais atteignirent l'arrière-garde; les régimens surpris à l'improviste n'eurent pas le temps de former leurs carrés; ils essuyèrent une perte assez considérable. Le général Clauzel, malgré une forte blessure qu'il avait reçue à la jambe, ne quitta pas le commandement; il se porta sur le point attaqué, fit manœuvrer les divisions, et il en imposa tellement à l'ennemi, que les Français se retirèrent jusqu'à la Pizuerga sans le revoir.

Le général anglais voulant tirer parti de

sa victoire, marcha sur Madrid. Le roi Joseph se retira à Valence. Cette retraite et la perte de la bataille d'Arapilès forcèrent le duc de Dalmatie à évacuer l'Andalousie. Le maréchal se retira par Cordoue; à peine quelques corps espagnols le poursuivirent-ils.

Wellington, après avoir occupé Madrid, marcha sur Valadolid que l'armée française occupait de nouveau. Le général Clauzel, informé de la marche des alliés, concentra ses forces. Il évacua cette ville le 5 septembre, se retira lentement, faisant chaque jour face à l'ennemi, l'empêchant d'avancer. Il fit quinze lieues en dix jours, retraite bien honorable. Il prit position à Briviesca, à sept lieues de Burgos.

On avait construit, sur la hauteur qui domine cette ville, une espèce de château fort. Les alliés en entreprirent le siége; ils échouèrent. Le vaillant Dubreton, gouverneur de cette bicoque, rendit leurs efforts nuls; aussi actif que prudent, aussi brave que nos anciens preux, on le voyait partout. Il s'acquit, par cette défense, une réputation aussi belle qu'honorable. Il fut secondé, dans le siége, par la garde de Paris, jeunes gens distingués par l'éducation et le courage, que l'empereur avait levés dans la capitale, qui ne devaient jamais s'en éloigner, n'étant destinés qu'au service de Paris, mais que les guerres continuelles du Nord forcèrent d'envoyer en Espagne. Ces braves, à l'envi l'un de l'autre, voulaient commander les sorties ; ils remplaçaient les canonniers, et prouvèrent souvent qu'ils savaient pointer aussi bien que se battre avec valeur. En vain le général anglais fit-il donner deux fois l'assaut, les alliés furent chassés avec une perte considérable (1).

Deux traits que je garantis véritables donneront une idée du gouverneur Dubreton et

(1) Un major anglais fut fait prisonnier en sautant dans les retranchemens.

de sa ténacité. Les Anglais s'étaient emparés d'une chapelle qui dominait le fort. Le général les y laissa établir. Le lendemain il s'avance, et il voit que la chapelle est garnie de troupes. Alors il rassemble sa garnison, il lui fait part que l'endroit dont l'ennemi s'est emparé est miné. Il court à cette mine et y met le feu. Aussitôt l'effet en est prodigieux, tout croule, les rocs sont enlevés, et les deux régimens anglais ont disparu.

Wellington avait fait miner le château ; les assiégés voyaient les effets du travail, contristés ils n'avaient plus d'espoir. Le brave Dubreton fait une sortie, il culbute les grand'gardes ennemies, se replie sur les travailleurs, détruit la mine et fait les mineurs prisonniers.

Le 21 septembre, le général anglais, instruit que le duc de Dalmatie arrivait sur le Tage, craignant de compromettre sa réputation, s'il restait plus long-temps devant le château de Burgos, il leva le siége et se retira précipitamment sur le Duero. Là, il fit sa jonction avec le général Hill. Ne jugeant pas encore cette position assez forte, il se retira derrière la Tormès, laissant une garnison dans Alba (1). Le 9 octobre, les armées françaises se réunirent, l'ennemi fut jeté au-delà d'Alba. Le 13, les armées françaises passèrent la Tormès, elles attaquèrent les alliés qui avaient commencé leur retraite. Le général se retira sur Fuenté Guinaldo. Il perdit dans cette retraite plus de cinq mille hommes. Lord Paget et plusieurs chefs supérieurs furent furent faits prisonniers.

La retraite du général anglais lui fit beaucoup d'honneur. Le temps le favorisa cons-

---

(1) Le passage du Duero honore la valeur française. Le brave capitaine Guingret, du 6e léger, trouve deux cent cinquante hommes de bonne volonté; nus et le sabre entre les dents, ils passent à la nage à trois heures du matin. Le bataillon ennemi qui se trouvait de garde, est étonné, il recule. Guingret s'élance sur le pont de Tordésillas, il fait prisonnières les gardes qui s'y trouvent, et il ouvre le passage à l'armée.

tamment; pendant huit jours, il tomba une pluie si considérable, que le moindre ruisseau était devenu un torrent. Les soldats ne pouvaient marcher, ils avaient de la boue jusqu'aux jarrets; la cavalerie ne pouvait avancer, les chevaux entraient dans la fange jusqu'au ventre. Le mauvais temps empêchant toute espèce de manœuvre, les Français furent obligés de rétrograder; Wellington fit paisiblement sa retraite, et les deux généraux cantonnèrent leurs armées.

Ici finit la campagne de 1812. Cette campagne commença sous d'heureux auspices, elle ne finit pas de même. Les Français forcés, par la grandeur de la guerre de Russie, de diminuer le nombre de troupes qu'ils avaient dans la péninsule, furent contraints d'évacuer des provinces; ils perdirent une bataille rangée; mais il est vrai, pour l'honneur français, que cette bataille ne fut perdue que par l'orgueil et les mauvaises dispositions de celui qui les commandait. Le roi Joseph sorti de

Madrid avec une forte colonne, marchait sur Salamanque ; il n'était plus qu'à deux journées de marche de l'armée de Portugal, lorsque le maréchal Marmont, par une présomption bien fatale, ne voulant pas attendre l'arrivée des renforts, livra la bataille d'Arapilès. Les résultats de l'affaire, qui eut lieu sous les murs de Salamanque, furent incalculables ; les ennemis rendirent justice à la valeur française ; on se battit avec intrépidité, mais enfin nous fûmes forcés de battre en retraite jusqu'à Burgos, de dégarnir les Asturies et le royaume de Léon, d'évacuer l'Andalousie et Madrid. La réputation de Welington s'accrut du manque de moyens de nos chefs. L'ennemi la rehaussa encore, et les Espagnols, surpris, apprirent ce que jusqu'alors ils n'avaient pu croire, que les Français pouvaient être battus.

Les soldats, ennuyés d'une guerre sans fin, fatigués des souffrances continuelles, ne se battaient plus de même.

Cependant après s'être reposés quelque

temps dans les environs de Burgos, lorsqu'ils se virent commandés par un général qui, à juste titre, jouissait de toute leur confiance, le brave Clauzel, ils reprirent ce caractère, cette gaieté qui n'abandonne jamais les Français. Ils marchèrent avec assurance sur l'ennemi. L'affaire de Celada prouva qu'ils étaient loin de le craindre. Quatre escadrons de gendarmes, avec le 15e chasseurs, culbutèrent dix escadrons de dragons anglais, les poursuivirent le sabre dans les reins. L'échec qu'éprouva Wellington dut lui faire connaître qu'il ne devait le gain de la bataille de Salamanque qu'à des circonstances indépendantes de la valeur française.

Après avoir poursuivi l'armée alliée jusque sous les murs de Ciudad-Rodrigo, le mauvais temps forçant de prendre des cantonnemens, généraux, officiers et soldats ne s'occupèrent plus que de la guerre de Russie; tous avaient les yeux sur le Nord, dont ils attendaient avec anxiété les bulletins. La guerre d'Espagne était tellement liée à celle de Russie, que le succès de celle-ci terminait l'autre.

FIN DU LIVRE TROISIÈME.

LIVRE IV.

Le duc de Dalmatie voyant que son armée manquait de vivres et de fournitures de toute espèce, voyant d'ailleurs les approches d'une saison rigoureuse, s'occupa de choisir des cantonnemens, et porta sa droite à Salamanque, qu'il fit occuper par deux divisions.

L'hiver se passa sans combat; à peine même les guérillas parurent-ils. L'attention générale était portée sur le Nord.

Les vingt-cinq premiers bulletins, en augmentant la confiance que les troupes avaient dans l'empereur, nous faisaient espérer que la lutte sanglante du Nord serait promptement achevée, et qu'alors Napoléon, revenant en Espagne avec les vainqueurs de Smolensk et de la Moscowa, chasserait les Anglais et terminerait heureusement une guerre aussi fatigante.

Cette pensée, qui flattait l'amour propre des Français, dura peu. Le 20 janvier 1813, ils reçurent le vingt-neuvième bulletin. On apprit avec étonnement que, de cette armée si belle et si formidable, il ne restait plus qu'un misérable débris échappé, comme par miracle, au fer, aux flammes, au froid et à la faim. On apprit que sans combattre nous avions été vaincus, et qu'un hiver prématuré avait détruit des phalanges invincibles. A cette triste nouvelle, les soldats français furent accablés; il n'en était pas un qui, dans ce désastre, n'eût à trembler pour les jours d'un frère, d'un parent ou d'un ami. Leurs craintes s'augmentèrent encore par les dangers auxquels ils se voyaient exposés eux-mêmes. Car ils jugeaient avec raison que les revers éprouvés en Russie augmenteraient l'audace et les forces ennemies; qu'ils seraient bientôt obligés de se concentrer et d'évacuer la péninsule.

Dans ce péril imminent, le duc de Dalmatie attirait les yeux de l'armée; on le désignait comme pouvant mieux que tout autre s'opposer aux manœuvres de Wellington; mais il fut rappelé dans le Nord. Le roi Joseph, d'après les ordres de l'empereur, prit lui-même le commandement des troupes françaises, et il choisit le maréchal Jourdan pour son chef d'état-major-général.

Tandis que dans nos cantonnemens d'hiver nous faisions de tristes réflexions sur le début triomphant de la campagne de Moscou et sur sa fin déplorable, nos forces en Espagne diminuaient par le départ successif de différens corps. Le général anglais recevait au contraire de nouveaux renforts, il organisait son armée, et mûrissait ses plans. Toutes ses dispositions étant faites, il entra en campagne sur la fin de mai.

Les généraux français s'attendaient à ce mouvement offensif. Ils se retirèrent par échelons. On évacua Madrid et Valadolid. L'armée se concentra à Burgos. Cette place, dénuée de provisions, n'offrait plus les mêmes ressources qu'à la campagne précédente, les moyens de défense avaient changé; on avait agrandi les fortifications, on les avait trop étendues. Les ouvrages nouveaux battaient les anciens; le fort ne pouvait plus être occupé. On se vit dans la triste nécessité de le détruire; l'ordre en fut exécuté le 14 juin. Un génie malheureux présidait à toutes les opérations militaires; on eut la maladresse de faire sauter ce fort au moment où un régiment d'infanterie passait sur le chemin qui se trouve au pied; plus de cent cinquante soldats périrent victimes de cette imprudence.

L'armée entière se retira sur Pancorbo, petite ville située dans un défilé. On avait construit sur la hauteur un retranchement qui battait sur la route. On y laissa une garnison composée de trois cents hommes.

De ces brillantes légions en Espagne, formées des vainqueurs d'Iéna, d'Eylau et de Wagram, à peine restait-il quatre-vingt mille hommes, dégoûtés d'une guerre opiniâtre et désirant le repos; tandis que l'armée alliée comptait plus de cent cinquante mille combattans, pleins de confiance dans leur chef et jaloux de nous chasser de leur territoire.

Le général Clauzel, qui commandait le nord de l'Espagne, fut détaché sur l'Ebre à Logrono. Le général Foy avec sa division et quelques troupes occupa la Biscaye. Les forces de l'armée française se trouvèrent donc reduites à quarante-cinq ou cinquante mille combattans. On resta deux jours entiers à Pancorbo. D'après les rapports des déserteurs et des espions, on croyait que l'ennemi viendrait attaquer de front par la route de Briviesca; tandis qu'au contraire trente à quarante mille Anglo-Espagnols tournaient la ligne sur l'Ebre, passaient Spinosa, la vallée d'Ecla, et se dirigeaient sur Bilbao et Orduna.

Le 17 juin, M. le comte Reille reçut l'ordre de se rendre à Bilbao avec les deux divisions et la cavalerie de l'armée de Portugal, formant à peu près huit mille fantassins et douze cents chevaux. Il trouva l'ennemi en force, maître de la rive gauche de l'Ebre. Ce corps marchait sur Miranda d'Ebro. Le général français l'arrêta, il lui défendit le passage, se retirant de position en position, et lui faisant acheter le terrain. Le 19 juin, les deux divisions rentrèrent par la route de la Puébla, où elles rejoignirent l'armée. Le roi Joseph fut instruit que sa droite était tournée, et que l'ennemi était placé sur la route de Vittoria à Bilbao.

Vittoria est une ville des plus régulières et des mieux bâties de l'Espagne ; elle est située dans un bassin qui, de chaque côté, a près d'une lieue. On voit à droite les hautes montagnes des Pyrénées, qui s'étendent en Biscaye; à gauche les hauteurs qui séparent la province d'Alava, dont elle est la capitale, de celle de la Navarre. Pour arriver à la Puébla, éloignée de trois lieues, il faut traverser un défilé très-étroit et qui ne laisse que le passage de la route. La plaine est inégale, on voit différens monticules qui offrent de belles positions.

Le 20 juin, l'armée ne fit aucun mouvement; les bivouacs s'étendaient depuis Vittoria jusqu'à l'entrée du défilé. La division Saru couvrit les hauteurs qui bordent la route de Bilbao.

Le 21, une découverte de cavalerie venait de se rendre à la Puébla, elle fut ramenée en désordre. En même temps on distingua les masses ennemies qui s'avançaient. Une forte canonnade s'engagea. Les divisions de l'armée du Midi, échelonées sur les hauteurs, reçurent l'ordre de défendre leurs positions respectives; celles du centre furent placées à gauche, faisant face à la rivière. L'ennemi déploya ses nombreuses colonnes, et se forma en bataille. Ses tirailleurs s'emparèrent de la belle position qui domine la Puébla; un feu terrible d'artillerie et de mousqueterie s'engagea des deux côtés. Le général anglais, en attirant l'attention des Français sur leur front, croyait cacher sa manœuvre; il voulait tourner leur armée. Ses colonnes avaient marché toute la nuit, elles avaient fait un long détóur; malgré leur diligence, elles ne purent arriver à tems. La division Saru qui couvrait la route de Bilbao ne fut attaquée que sur les neuf heures. Cette division se battit avec la plus grande valeur;

elle repoussa plusieurs fois l'ennemi, qui sans cesse faisait paraître de nouvelles colonnes. Elle conserva sa position jusqu'à la nuit. Le général Dijeon, avec une division de dragons, soutint l'infanterie : plusieurs charges faites à propos forcèrent les Anglais à rétrograder. Atteint d'un coup mortel, le brave Saru expira au moment où sa troupe, suivant son exemple, s'élançait sur l'ennemi.

Les alliés, étonnés de cette défense héroïque où le courage suppléait au nombre, firent alors paraître toutes leurs forces. Près de vingt mille hommes se montrèrent sur les hauteurs, marchant dans la direction de Mondragon, comme s'ils eussent voulu couper la retraite de l'armée. La sixième division de l'armée de Portugal, commandée par le général Lamartinière, fut envoyée pour les contenir. Elle arriva en même temps que l'ennemi au petit pont de Subijana. Une vive fusillade s'engagea. Sept charges consécutives eurent lieu. Sept fois Beresford tenta de passer la rivière, et toujours il fut repoussé; le pont qui se trouve sur la petite rivière de Pizuerga était obstrué de cadavres. Bientôt ils servirent de retranchemens. Les soldats se plaçaient derrière pour être à l'abri des balles. Le général Reille avec une division de dragons et quatre pièces d'artillerie soutint les braves qui se couvraient de gloire. La mitraille porta la terreur, le désordre et la confusion dans les masses ennemies qui, embusquées à l'entrée du pont et dans le village, hésitaient et n'osaient aller à une mort certaine. L'ennemi fut donc contenu sur la gauche, et son projet de couper l'armée fut déjoué.

Sur la route de la Puébla, il avait plus de succès. Le général anglais fit avancer ses masses, elles enfoncèrent nos colonnes. Le défaut de terrain empêcha notre belle cavalerie de fournir une charge; le désordre se mit dans les rangs.

Le manque de prévoyance et l'ignorance des lieux firent placer près d'un marais le grand parc de réserve où se trouvaient plus de quatre-vingts pièces de canons de tout calibre et toutes les munitions. On ordonna, sur les quatre heures du soir, de faire diriger ce parc sur la route de Pampelune; on n'avait pas calculé qu'il était impossible d'exécuter cet ordre. Un chariot de roulier se trouva culbuté, renversé auprès de la route; il était placé de manière à empêcher le convoi d'avancer. En vain voulut-on mettre en route les voitures de cour, celles où se trouvaient les réfugiés espagnols et les fourgons du trésor, une terreur panique s'empara des esprits, tout se fit de travers. Le convoi, composé de plus de douze cents voitures, ne put faire un pas. C'était un triste spectacle de voir les malheureux réfugiés espagnols, qui déjà se préparaient à mourir sous le fer de leurs compatriotes irrités. Ils jetaient un regard désespéré sur leurs familles tremblantes, et frémissaient des dangers auxquels leurs opinions politiques exposaient tout ce qu'ils avaient de plus cher au monde. Bientôt le désir de la conservation se faisait ressentir, ils s'empressaient de saisir leurs enfans dans leurs bras et d'entraîner leurs femmes. Ils fuyaient ce lieu terrible, erraient à l'abandon, ne sachant où porter leurs pas et laissant toutes leurs richesses.

A la suite de l'armée se trouvait une foule de femmes de haute naissance, élevées dans le luxe et dans l'habitude de toutes les douceurs de la vie. Elles voyaient pour la première fois les horreurs de la guerre et les embarras d'une retraite. Elles couraient çà et là en poussant des cris et versant des pleurs. Dans ce danger commun, elles étaient réduites à implorer la pitié des soldats ; d'une voix suppliante elles les priaient de ne pas les abandonner à la vengeance des Espagnols. Sensible aux pleurs de la beauté, le cavalier les mettait en croupe et s'empressait de quitter ce lieu dangereux. On entendait les juremens des charretiers qui, se hâtant de dételer leurs chevaux, coupaient les traits pour fuir plus vite. On voyait des caissons ouverts remplis d'or. Ce métal, si précieux et si nécessaire, n'avait plus de valeur, on le regardait avec mépris. Deux escadrons d'hussards anglais qui avaient passé dans l'intérieur des lignes, par la route de Sarragosse, causaient cette terreur panique ; elle était encore augmentée par les obus et les boulets creux qui, venant éclater audessus des malheureux réfugiés, leur faisaient craindre une mort certaine.

Il est étonnant que l'on n'eût pas mieux gardé un lieu où se trouvaient établis les ambulances, le trésor et le parc de réserve!

A sept heures du soir, l'aile gauche des Français était en pleine retraite; quelques corps placés au centre, les deux divisions et la cavalerie de l'armée de Portugal qui formaient l'aile droite tenaient encore. Si dans ce moment, qui était précieux, on eût mis les quatre-vingts pièces de canons en batteries, qu'on eût réuni derrière la cavalerie et l'infanterie qui se retiraient, et qu'on eût reçu l'ennemi par de bonnes décharges à mitraille, les Français pouvaient encore espérer la victoire. La Fortune jalouse en ordonna autrement. Les divisions qui se battaient reçurent l'ordre de prendre la route de Salvatierra. On abandonna aux Anglais le champ de bataille, et une artillerie nombreuse dont on ne sut tirer aucun parti (1).

La bataille de Vittoria fut perdue par le manque d'ordre et d'ensemble dans les dispositions. L'ennemi était trois fois plus nombreux que les Français; cependant tout porte à croire que, si l'on eût pris d'autres mesures, si l'on eût attendu les vingt mille hommes que commandait le baron Clauzel, et les quinze

---

(1) A la bataille de Vittoria une balle me cassa le bras gauche. Je fus conduit à l'ambulance. Je prévis le désordre qui allait arriver. Je me fis ramener à mon régiment, aimant mieux m'exposer à de nouvelles blessures au milieu des braves, que d'être parmi des cantiniers, des femmes et des enfans.

mille qui, sous les ordres du comte Foy, étaient en Biscaye, alors les alliés eussent pu se repentir de leur attaque. Une bataille perdue rejetait Wellington dans les sables de Ciudad-Rodrigo. Mais ce général manœuvra habilement, et l'adversaire qu'il rencontra dans le chef d'état-major qu'avait choisi le roi d'Espagne, fut en partie la cause de ses succès.

Les Français perdirent cinq mille cinq cents hommes tués ou blessés et six cents prisonniers. Ils ne ramenèrent que quelques pièces d'artillerie. Le roi Joseph fut forcé de se retirer en France. Tous les Espagnols qui avaient suivi son parti étaient sans ressources. Le lendemain et les jours suivans, ces malheureux, les pieds ensanglantés par une marche pénible, venaient se placer à nos bivouacs, racontaient leur infortune, les pertes qu'ils avaient éprouvées, et priaient les soldats de leur laisser partager leur nourriture. Les militaires, naturellement généreux, s'empressaient de leur distribuer ce dont ils avaient besoin; et ces infortunés, reconnaissans de ces secours, étaient surpris de trouver chez des étrangers plus de pitié que parmi leurs compatriotes.

Cependant le général Clauzel avait quitté Logroño; il était en marche sur Vittoria. Le jour même de la bataille, il arriva aux portes de cette ville; ayant reconnu que les Anglais s'en étaient rendus maîtres, il se retira promptement, craignant d'être coupé; il traversa la Navarre, gagna Saragosse et se retira en France par Jacca et Oleron. Ce mouvement couvrit Pau.

Le général Foy qui avait appris la perte de la bataille de Vittoria, s'empressa de réunir les troupes qui étaient en Biscaye; il marcha sur Toloza, et eut le bonheur d'arriver dans cette ville aussitôt que l'ennemi. On se battit dans l'intérieur des rues avec un égal acharnement. Enfin l'impétuosité française l'emporta sur le nombre des alliés; et le général Foy, aussi brave que diligent, couvrit le pont d'Irun.

Tandis que ces choses se passaient en Castille, le général Murray avait pris le commandement des troupes anglaises qui se trouvaient en Aragon. Le 27 avril, M. le duc d'Albufféra attaqua ce général à Castella; mais ayant reconnu que ces forces étaient triplées par les renforts qu'il avait reçus, M. le maréchal se contenta de le harceler et se retira sur Villena.

La bataille de Vittoria et ses suites funestes forcèrent d'évacuer Valence; l'armée se retira en Aragon, laissant des garnisons dans les places fortes. Aussitôt sir Murray fit investir Tarragone. Le général français, informé de ce mouvement, réunit ces troupes à celles que le général Maurice Mathieu commandait; il marcha sur l'ennemi, le força de se retirer et d'abandonner vingt-trois pièces de canons.

A peine Napoléon apprit-il les funestes résultats du manque d'ensemble et des fautes qui venaient d'être commises, à peine sut-il qu'une armée française venait de perdre tout son matériel sans n'avoir que quelques hommes hors de combat, qu'il jugea qu'un seul homme pouvait être opposé à Wellington. Le maréchal Soult reçut l'ordre à Dresde de partir pour l'Espagne et de prendre le commandement de l'armée. Aussitôt son arrivée il s'occupa de réorganiser les corps. Des réglemens sévères rétablirent l'ordre et la discipline. La confiance commença à renaître sous un chef qui n'avait pas fait de fautes, et qui, à nombre égal, avait paralysé les manœuvres du général anglais.

M. le maréchal ayant fait prendre aux troupes des vivres pour huit jours, dirigea une expédition sur Pampelune ; il voulait débloquer cette place assiégée par les alliés et lui porter des vivres et des munitions.

Le 27 juillet, il fit attaquer les positions ennemies. Le village de Sarauzen fut emporté d'assaut et les Anglais repoussés sur tous les points. Le 28, Wellington ayant réuni toute son armée, s'opposa à nos efforts. De part et d'autre on se battit avec acharnement; la nuit sépara les combattans. Les deux armées occupèrent le même terrain qu'elles avaient le matin.

Le 29, M. le maréchal fit attaquer toute la ligne ennemie. Les Portugais, étonnés de la vivacité et du courage que déploient des soldats qu'ils croyaient demi-vaincus, reculent; les Anglais les suivent. Wellington s'aperçoit de ce mouvement d'hésitation; aussitôt de nouvelles colonnes remplacent celles qui étaient ébranlées; les alliés reprennent l'offensive; mais, malgré leurs efforts, le nombre ne peut l'emporter sur la valeur, et les Français restent maîtres du terrain qu'ils avaient conquis le 27.

Le 30 juillet, la retraite commença; le général français avait eu soin d'avance de faire partir tous les gros bagages. On se retira en ordre. L'armée reprit sa première ligne. L'expédition qui avait pour but de ravitailler Pampelune, malgré son peu de succès, étonna l'ennemi; elle lui fit connaître qu'il ne devait le gain de la bataille de Vittoria qu'à des circonstances malheureuses indépendantes de la valeur française.

Le siége de Saint-Sébastien, qui avait été levé par les alliés, après y avoir perdu plus de quatre mille hommes, recommença. Cette place fut investie par le général Béresford. Le général Rey, nommé gouverneur, se conduisit avec la plus grande valeur, il déjoua tous les efforts des alliés, défendit sa place en homme habile, et ne se rendit que sur un monceau de ruines. Le 31 août, sir Graham fit donner un assaut général; les Anglais parvinrent à s'emparer de la ville, ils sacrifièrent trois mille braves qui furent tués sur la brèche. On a reproché aux Français d'avoir fait de la péninsule un théâtre d'horreurs et de dévastations. Rien n'approche des crimes que les alliés commirent le 31 août. Ni l'âge ni le sexe ne furent respectés. On assassina indistinctement amis et ennemis. Les soldats se gorgèrent de sang. Le pillage dura quatre jours, sous les yeux des officiers, qui ne réprimèrent pas de si honteux excès. Enfin, pour mettre le comble à toutes ses atrocités, il ne resta de cette ville opulente que dix-sept maisons; elles furent conservées comme par miracle; le reste fut la proie des flammes. Ainsi finit la capitale de la Guipuscoa, qui s'était dévouée pour le prince Ferdinand, et avait sacrifié pour sa cause l'élite de sa jeunesse.

Au moment où les alliés s'emparaient de Saint-Sébastien, M. le maréchal Soult cherchait à attirer leur attention. Il menaçait d'attaquer leur ligne; deux divisions passèrent la Bidassoa. On se battit avec fureur. Le général Lamartinière reçut un coup mortel, et vit tomber à ses côtés son ami, le général Vandermaessen; tous deux périrent en braves. L'armée pleura la perte de ces deux guerriers qui, à peine âgés de trente cinq ans, étaient parvenus, par leur seul courage et leurs talens militaires, au grade de généraux de division.

Le mouvement sur Saint-Martial n'ayant pas réussi, les troupes repassèrent la rivière, et reprirent leurs cantonnemens. Le brave Rey n'ayant plus l'espoir d'être secouru, accepta les propositions de sir Graham; lui et sa garnison se rendirent prisonniers de guerre.

En Aragon, lord Bentinck avait remplacé sir Murray. Jaloux de mieux faire que son prédécesseur, ce général investit Tarragone pour en commencer le siége.

Le 14 août, le duc d'Albufféra s'étant réuni au général Decaen, marcha sur les alliés. Le 15, son avant-garde rencontra un parti anglais; elle le battit et le dispersa. Lord Bentinck, étourdi par cet échec, ne voulut pas compromettre sa réputation, il se retira en toute hâte. Tarragone fut débloquée. M. le maréchal, après avoir loué la valeur de la garnison, ne voulut point l'abandonner, il fit sauter les fortifications de la ville, et se retira, augmentant son armée de braves qu'il venait de délivrer (1).

---

(1) Sarrazin fait de violens reproches au cabinet de Saint-James; il prétend que, si l'on eût suivi ses plans, les Français étaient défaits, et Tarragone pris. Toute l'Angleterre, dit-il, connaît l'étendue de mes

Le 13 septembre, le maréchal Suchet, instruit que lord Bentinck se gardait mal, fut l'attaquer. L'avant-garde anglaise fut culbutée et battue. Les alliés se retirèrent sous les murs de Tarragone. Le duc d'Albufféra, satisfait d'avoir donné à son ennemi une leçon de vigilance, rentra dans ses cantonnemens.

Le 7 octobre, Wellington fit effectuer le passage de la Bidassoa; ce passage fut vivement disputé. Les Anglais, malgré leur nombre, ne purent réussir à s'emparer de la position. Le 8, les alliés renouvelèrent leurs attaques; accablés par le nombre, les Français reculèrent, ils lâchèrent pied, et ils eurent la douleur de voir sur leur territoire un ennemi que jusqu'alors ils avaient méprisé. Dans les

---

services, *la pureté de mes intentions*, et surtout ma résignation à ce qu'il plaira au gouvernement britannique de statuer sur mes intérêts. Le lecteur voit, par cette phrase, que M. Sarrazin n'aime point un honteux salaire ! ! !

journées des 7 et 8, les alliés perdirent près de quatre mille hommes.

Le 13 octobre, la garnison de Pampelune, qui n'avait plus d'espoir ni de vivres, se rendit. Le général Abbé et sa brave garnison s'acquirent, par la défense de cette place, l'estime générale. Le colonel Grenier, commandant le 52e régiment, se conduisit avec tant de sagesse et de bravoure, que, quoique prisonnier, l'empereur, juste appréciateur du mérite, le nomma général de brigade.

Baïonne, naguère si tranquille, présenta tout à coup l'image d'une ville qui va être livrée aux horreurs d'un siége. Les habitans effrayés se disposaient à abandonner leurs demeures. Les routes étaient encombrées de voitures chargées des familles et des effets de ces malheureux. Tout était en agitation; on voyait les hommes, les femmes et les enfans parcourir les rues. Dans leur inquiétude, ils interrogeaient tous ceux qui venaient des avant-postes; ils s'informaient soigneusement si l'ennemi n'avait pas changé de position, s'il ne faisait pas des démonstrations hostiles. Quelquefois ils montaient sur les tours de la ville, et leur terreur redoublait lorsqu'ils apercevaient distinctement les camps ennemis qui s'étendaient non loin des remparts de la ville.

Le duc de Dalmatie, au milieu de ce tumulte général, conservait sa tranquillité, et cherchait à calmer les craintes du peuple; il nomma un gouverneur. Il choisit, pour défendre Baïonne, un homme aussi renommé par sa prudence que par sa bravoure, le général Thouvenot; en même temps il fit faire des travaux immenses, afin de rendre difficiles à l'ennemi les approches de cette place; des retranchemens battant sur tous les points furent élevés; ils se liaient les uns aux autres, et se défendaient mutuellement. La citadelle, faible d'ouvrages extérieurs, fut remise en état de défense, des redans furent établis sur son front. Un camp retranché fut formé; la droite était appuyée sur l'Adour. Le front était défendu par des digues qui, se levant à volonté, permettaient d'inonder les campagnes environnantes, et la gauche de la ligne s'étendait jusqu'à la rivière de la Nive.

Tous ces ouvrages furent terminés promptement. Le soldat ainsi que l'habitant travaillaient sans relâche, ils prévoyaient qu'il était nécessaire d'empêcher l'ennemi de s'emparer de cette clef du Midi.

Pendant que le général français mettait Baïonne en état de soutenir un siége et d'arrêter son trop heureux adversaire, l'intérieur de la ville offrait l'image des fléaux de la guerre. Les hôpitaux étaient encombrés de blessés et de malades; toute la journée on n'entendait que le bruit des caissons qui portaient aux divers cantonnemens ou du pain ou des cartouches. Au milieu de la nuit, la marche de l'artillerie, et des colonnes qui changeaient de position, faisaient souvent croire aux bourgeois qu'on évacuait les lignes. Accoutumés à ne voir la guerre que dans les bulletins, ces paisibles habitans frémissaient en songeant que l'ennemi était à leur porte; il leur semblait déjà voir les bombes et les obus éclater sur leurs têtes. La terreur grossissait tellement à leurs yeux les objets, que, lorsque nous faisions des prisonniers, et qu'ils voyaient des hommes d'une faible stature, mal habillés et qui ne paraissaient pas excellens soldats, ils nous disaient : « Ce ne sont pas là des soldats » ennemis, ce sont des paysans que vous » habillez ainsi. » Effets dangereux de la prévention sur des esprits timides ! Les réfugiés espagnols augmentaient les alarmes au lieu de les dissiper ; ceux-ci, par esprit national ou par frayeur, ne parlaient que de la puissance de Anglais, de la grande quantité de soldats qu'ils avaient à nous opposer. La crainte leur faisait quadrupler les forces ennemies ; au lieu de cent cinquante mille, ils disaient que Wellington commandait quatre cent mille hommes.

Parmi les femmes espagnoles qui avaient

suivi l'armée française, on distinguait une jeune fille, nommée *la Collégiale*. Élevée au sein d'un cloître, et dans les exercices d'une dévotion sévère, elle n'avait pu résister à l'attrait de l'amour. Dès l'âge de quinze ans, elle avait été enlevée de ce saint lieu par le chef de parti don Martinez. Décorée du grade de capitaine de cavalerie, elle commandait une compagnie. Sa physionomie et son caractère étonnaient. Échauffée par le climat, l'imagination, les alimens même, elle avait tout sacrifié à ses passions. Belle, sans être jolie, cette jeune fille était remarquable par sa taille élevée et sa tournure martiale : toujours à la tête de sa compagnie, elle était la première à charger, et la dernière à se retirer. La fougue de ses passions préservait son caractère de légèreté et son orgueil de bassesse; elle était susceptible des sentimens les plus élevés, et des sacrifices les plus généreux. Ayant reconnu que son amant ne servait la cause de Ferdinand que par avarice, qu'il commettait mille exactions contre les les paysans, elle le quitta en lui reprochant sa lâcheté et ses vices. Elle vint offrir ses services au roi Joseph, et se fit souvent remarquer à la tête d'un escadron. Les jeunes françaises regardaient avec étonnement cette Amazone qui, habillée en capitaine de hussards, guidait un cheval avec une habileté singulière et maniait le sabre avec autant d'adresse que le soldat le plus exercé. La vivacité de ses gestes, le jeu de sa figure, ses grands yeux noirs, ses sourcils longs et arqués annonçaient l'énergie dont son ame était capable. Ainsi que ses compatriotes, elle regardait l'amour comme la source de tout le bonheur. Partagée entre les devoirs religieux et la licence des camps, cette femme extraordinaire semblait être dans un combat perpétuel entre sa conscience et ses habitudes; plus forte que le devoir, la nature l'emportait; son ame se tranquillisait sur les suites d'un désordre habituel par la facilité de la pénitence; alors elle s'arrachait des bras de l'Amour pour aller pleurer aux pieds de la Madona. Elle offrait le spectacle d'une nouvelle Madeleine, armée de pied en cap, et versant sur ses erreurs les larmes du Repentir.

Le 9 novembre, le général anglais ayant réuni ses forces, fit une attaque sur toute sa ligne; les deux ailes résistèrent, mais le centre fléchit. Le loyal et intrépide général Conroux ne put rallier les soldats qui abandonnaient une redoute. Suivi de quelques braves, il se précipita au milieu des colonnes anglaises, et mourut en héros avant de voir les alliés sur le sol de sa patrie.

Le même jour le mouvement rétrograde commença. L'armée française occupa les positions en avant de Baïonne, couvrant cette place; elle s'occupa sans relâche de terminer les travaux qui devaient en défendre l'approche.

La dénomination d'armée de Portugal, du Midi, du Centre, devenant absurde, le duc de Dalmatie organisa l'armée en six divisions. Elles furent sous les ordres de MM. Foy, d'Armagnac, Taupin, d'Arricau, Leval et Villatte. M. le lieutenant général comte d'Erlon eut le commandement de l'aile droite, M. le baron Clauzel de l'aile gauche, et M. le comte Reille celui du centre. Le lieutenant général Gazan fut nommé chef de l'état-major général. L'armée ayant été organisée de cette manière, les avant-postes furent établis près Baïonne. Les troupes placées dans le camp retranché, y bivouaquèrent.

Le 8 décembre, le général en chef de l'armée ennemie ayant reconnu les positions de Baïonne, ordonna un mouvement général. Le 9, au point du jour, lord Hill attaqua Cambo, où se trouvait le général Foy. Ce général, doué d'un coup d'œil militaire et de connaissances peu communes, tira parti de sa position, il se défendit avec intrépidité. Cependant il fallut céder. Les Anglais parvinrent sur les dix heures à effectuer le passage de la

Nive. Le duc de Dalmatie pénétrant aussitôt le dessein de l'ennemi, concentra son armée sur les hauteurs qui se trouvent en avant de Baïonne. Sa gauche était protégée par l'Adour, et sa droite appuyée à Villa-Franque. Ce village, attaqué avec vivacité par les alliés, fut défendu héroïquement; on se battit plus de deux heures dans les rues, il fut pris et repris plusieurs fois; mais tous les efforts des Français furent infructueux, il resta au pouvoir de l'ennemi.

Cependant les alliés, maîtres de Cambo, s'étaient emparés de la route de Baïonne à Saint-Jean-Pied-de-Port, ils coupaient les communications avec cette ville, et avaient établi un corps de trente mille hommes entre la Nive et l'Adour.

Le 10 décembre, le duc de Dalmatie ordonna d'attaquer sur tous les points. Le général Clauzel culbuta les alliés établis à Arcangues; en même temps le général Reille, avec la division Boyer, marchait sur le bois de Barouillet où étaient retranchées deux divisions ennemies. Les Anglais furent forcés, ils se retirèrent en désordre ; on leur fit huit cents prisonniers, parmi lesquels quatre cents jeunes gens de la garde noble de Londres. Sur la gauche, les succès étaient partagés ; la division française, d'après les instructions qu'elle avait reçues, attaquant faiblement, cette journée coûta à l'ennemi quatre mille hommes et plusieurs officiers supérieurs ; les Français perdirent douze cents combattans. Au moment de l'attaque, les deux bataillons de Nassau et le régiment de Francfort passèrent à l'ennemi. Je ne me permettrai aucune observation sur leur conduite. J'observerai seulement qu'on assurait dans l'armée, que M. le maréchal, quelques jours auparavant, avait réuni les chefs de ces deux corps, qu'il les avait laissés maîtres de leur volonté et leur avait proposé de les renvoyer dans l'intérieur

Le 12 décembre, les deux divisions Boyer et d'Arriçau reçurent l'ordre d'attaquer l'ennemi.

On se battit de part et d'autre avec une égale valeur. Les Anglais conservèrent leurs positions. Le général français cherchait à déloger l'ennemi qui se trouvait établi entre la Nive et l'Adour. Il désirait attirer l'attention de Wellington sur son front, et pour cela avait simulé le combat du 12.

Le 13 décembre, le comte d'Erlon reçut l'ordre de se porter entre l'Adour et la Nive sur la route de Saint-Jean-Pied-de-Port, et de forcer le général Hill à repasser cette rivière. Les divisions des généraux Abbé et d'Arricau commencèrent l'attaque. En même temps le général d'Armagnac s'emparait du plateau de Pathouria. Les Anglais, attaqués avec vigueur, repoussèrent nos charges. Trois fois l'ennemi fut chassé de sa position, trois fois il parvint à la reprendre. Le sang coule de toutes parts. On n'entend que le bruit des obus et des boulets qui, venant éclater jusque sur la ville, impriment aux habitans la terreur et l'effroi. La mousqueterie et l'artillerie, les cris des blessés, la confusion, inséparable d'un pareil combat, tout fait craindre aux malheureux habitans de Baïonne le sort cruel de Saint-Sébastien. Cependant le combat dure toujours, les deux armées occupent les mêmes positions. Le général en chef de l'armée française ne considère point que sa vie importe au salut de tous, il s'élance aux avant-postes, il marche avec les tirailleurs, il les exhorte, il les encourage, il leur rappelle leurs triomphes passés et la honte de voir une armée anglaise sur le territoire français. En même temps il fait porter en ligne les divisions Villatte et Maranzin. Le combat reprend une nouvelle vigueur; on lutte corps à corps, on cherche partout les moyens que donnent la valeur et le courage à enlever cette position terrible. Les efforts sont infructueux, les Français sont repoussés. L'ennemi, protégé par des retranchemens inaccessibles, par des troupes aguerries et nombreuses, conserve le plateau, et reste maître des rives de l'Adour et de la Nive.

La journée du 10 fut fatale aux alliés; celle du 13 coûta aux Français près de cinq mille hommes. Ils étaient à découvert, firent cinq charges consécutives, tandis que l'ennemi retranché tirait à coup sûr et perdait peu de monde.

Toutes les tentatives pour déloger l'ennemi ayant été infructueuses, l'armée rentra dans le camp retranché de Baïonne. La cavalerie fut envoyée à Harpasen, afin d'être opposée à la division espagnole de Murillo.

Les pertes des Français ne pouvaient se réparer, tandis que les alliés recevaient chaque jour de nouveaux renforts. A la fin de décembre leur armée fut augmentée des divisions de Galice et d'Andalousie. Wellington, après les combats du 9 au 13, forma une espèce de cercle autour de Baïonne; son aile droite était placée entre l'Adour et la Nive; son aile gauche s'étendait depuis la mer jusqu'au village d'Arcangues.

L'ennemi ne faisant aucun mouvement hostille ; les troupes furent réparties le long de la ligne de l'Adour. Trois divisions sous les ordres du comte Reille occupèrent Bayonne. Elles travaillèrent à terminer les retranchemens. Le général Clauzel se porta sur la rive droite de la Bidousse. Une brigade couvrit les rives de l'Adour, afin de protéger la navigation. Le 20 décembre, le duc de Dalmatie porta son quartier-général à Peyrehorade.

Le 3 janvier, le général Clauzel s'empara de la bastide de Clarence, il chassa les Anglais maîtres de ce poste. Le 9, Wellington ayant réuni son armée, paraissait vouloir donner une bataille. Elle n'eut pas lieu. Le général anglais se contenta de faire reprendre à ses postes leurs anciens cantonnemens.

Pendant que ces événemens se passaient dans le Midi, les alliés du Nord avaient franchi les barrières naturelles de la France, ils avaient passé le Rhin. Napoleon, obligé de défendre sa capitale, retira dix mille hommes de l'armée d'Espagne. Ces troupes, commandées par le général Leval, partirent le 25 janvier. Le général anglais reçut au contraire ses réserves de cavalerie et d'infanterie.

Le mois de janvier se passa sans événemens importans. Les pluies qui ne cessèrent de tomber empêchèrent de faire manœuvrer les troupes. Le général français prévoyait que le retour de la belle saison allait le forcer de concentrer son armée, afin de s'opposer aux nombreuses colonnes ennemies.

Cependant les pluies continuelles avaient fait déborder la Nive, l'Adour et les deux Gaves de Pau et d'Oleron. Les Anglais osaient à peine s'avancer dans un pays marécageux qui leur offrait peu de ressources; ils avaient devant eux les Landes, pays inculte et pauvre, où leur armée était exposée à périr de faim. Ils craignaient les habitans, se conduisaient avec la plus grande douceur, payaient toutes les fournitures et les réquisitions qu'ils faisaient; tandis que les Français étaient obligés de lever des contributions et d'enlever aux habitans leurs bestiaux et leurs moissons.

Le 14 février, le général Hill s'empara de la position de Halette et de la rive droite de la rivière de Joyeuse. Le brave Harispe, officier général du plus grand mérite, venu de l'armée de M. le maréchal Suchet, et qui avait chassé Mina de la vallée de Bastan, fut forcé de se replier sur Saint-Martin.

Le général Harispe ayant fait sa jonction avec le général Paris, prit position sur les hauteurs de Saint-Palais. Attaqué par trois divisions anglaises, il se défendit avec la plus grande valeur et fit acheter cher aux alliés la position que le nombre lui força de céder; il se retira derrière le Gave de Mauléon, ayant soin de faire rompre le pont d'Ariverette. Les alliés ayant découvert un gué, cherchèrent à tourner les divisions françaises; cette manœuvre força le général Harispe d'abandonner sa position; il porta ses troupes au delà du Gave d'Oleron, où se trouvait le général Clauzel. Les divisions réunies bivouaquèrent sur les hauteurs.

Le ducde Dalmatie ayant fortifié Baïonne avec toutes les ressources de l'art, laissa dans cette place la division Abbé avec quinze bataillons d'élite. Il soupçonna que l'ennemi voulait en venir aux mains; il donna les ordres pour faire avancer les divisions qui se trouvaient dans le camp retranché de Baïonne, et les fit marcher sur le Gave de Pau.

Wellington, informé que Baïonne était réduite aux seules forces que le maréchal y avait laissées, voulut faire établir un pont à l'entrée de cette ville, afin d'être maître des deux rives de l'Adour. Le mauvais temps empêcha ce projet de réussir; l'exécution en fut différée. Il laissa le général Hope pour faire le siége de cette place, donna l'ordre aux Espagnols, qui formaient ses réserves, d'avancer, et se porta sur le Gave d'Oleron.

Le 24 février, le général anglais ayant réuni toutes ses forces, jeta un pont à Gerrac; son armée passa le Gave; en même temps deux divisions espagnoles forçaient les Français à se retirer de Navarreins, et ils bloquaient cette ville.

Le maréchal duc de Dalmatie, connaissant les intentions de l'ennemi, ordonna de bien défendre les postes d'Hastingues et d'Oryergave, de se retirer ensuite sur Orthez où il avait intention de concentrer l'armée. Cette ville offrait une belle position; située sur le penchant d'une colline, le Gave coule à ses pieds. Les hauteurs qui la dominent assuraient un beau développement; sa proximité de la rivière en rendait le passage très-difficile.

Le 26 février, l'armée couronna les hauteurs, elle bivouaqua; les dispositions furent prises pour bien recevoir l'ennemi.

Le 27, les divisions se relevèrent; à quatre heures du matin, la diane se fit entendre, toutes les troupes prirent les armes. La première division remplaça la deuxième qui avait été d'avant-garde; l'armée fut placée dans la position suivante.

La droite, commandée par le comte Reille,

occupait le village de Saint-Blois et les hauteurs qui conduisent d'Orthez à Dax. La gauche, sous les ordres du général Clauzel, était appuyée à la ville, elle observait la rivière, et s'opposait à ce que l'ennemi en tentât le passage. Le comte d'Erlon, commandant le centre, se trouvait un peu reculé de la gauche. Le brave Harispe avec sa division et les Basques occupait une montagne élevée en arrière de la ligne; il se trouvait à cheval sur les routes de Pau et de Saint-Sever. Le maréchal, avare du sang de ses soldats, avait marqué à chaque division sa position respective; la retraite devait se faire par échelons, de montagnes en montagnes. L'ennemi aurait sans cesse trouvé des troupes fraîches qui, tirant des hauteurs, eussent ralenti sa marche et entamé ses colonnes: on aurait été ainsi jusqu'à Sault de Navailles, qui offrait une position avantageuse. Dès le matin on avait fait ouvrir les haies et combler les fossés, afin que rien n'entravât la marche des colonnes.

La brusque attaque de l'ennemi et la défense héroïque de la division Foy empêchèrent ses dispositions. L'armée française était de trente mille hommes; l'armée alliée comptait soixante-dix mille hommes combattans. D'après les rapports des déserteurs, on ne croyait pas que toute l'armée anglaise eût passé le Gave; on ne s'attendait à combattre que trois divisions.

A neuf heures l'attaque commença au village Saint-Blois; ce village fut pris et repris plusieurs fois. Forcés par le nombre, les Français se replièrent en ordre, ils conservèrent leurs positions; tous les efforts de l'ennemi pour les en chasser furent inutiles. Des deux côtés on se battait avec une égale valeur. Les Français, sous les yeux de leurs compatriotes, montraient qu'ils étaient bien les mêmes hommes qu'à Eylau et à Wagram. Ils tombaient en conservant leurs rangs et semblaient encore défier l'ennemi. La victoire est indécise. Wellington s'aperçoit que le moment qui fait gagner ou perdre les batailles est arrivé; il juge qu'il n'y a pas à balancer, il fait avancer toutes ses réserves, il fait tourner le centre de l'armée française, il remplace les colonnes ébranlées par de nouvelles masses; en même temps il apprend que le général Hill a trompé la vigilance des Français, que ses troupes passent le Gave, qu'il est maître de la route de Pau. Alors il redouble d'efforts, il tâche de tourner la droite de Soult, il espère que la poignée d'hommes qui lui est opposée ne pourra lui échapper. Le général Clauzel s'aperçoit que l'ennemi a passé le Gave; il réunit ses divisions, rallie les fuyards, se retire sur les hauteurs, et prend position derrière le centre.

Cependant la bataille continue avec le même acharnement. Malgré leur nombre les Anglais n'osent avancer; le général Béchaud est tué, l'intrépide Foy grièvement blessé. Malgré la perte de leurs chefs les soldats français sont impassibles, ils ne reculent pas. Mais l'armée est tournée, Hill s'avance par la route de Pau,

Clinthon a dépassé la droite. Alors le duc de Dalmatie songe à sauver l'élite des braves; l'ordre de la retraite est donné, on se retire par échelons, les divisions se remplacent successivement. Ainsi, même en abandonnant le terrain, les Français étonnent l'ennemi; mais bientôt les alliés se pressent sur l'arrière-garde, la confusion, le désordre vont se mettre dans les rangs; un moment même une terreur panique s'empare de ces guerriers qui, un instant auparavant, méprisaient et le fer et la mort. Le calme se rétablit, l'ordre renaît, on gagne Sault de Navailles, et l'armée, réunie à Saint-Sever, est prête à combattre de nouveau.

La bataille d'Ortès fut très-meurtrière, l'ennemi perdit trois mille hommes, les Français quatre mille cinq cents et six cents prisonniers. La division Foy se couvrit de gloire; elle seule soutint pendant deux heures les assauts de trois divisions anglaises.

Le duc de Dalmatie jugeant qu'il était impossible d'arrêter l'ennemi, continua sa retraite en bon ordre sur Saint-Sever, feignant de vouloir couvrir Bordeaux. Le 1er mars, par un mouvement rapide, il fit changer de direction et porta ses colonnes sur Agen. Les alliés ayant rétabli les ponts qui se trouvent sur l'Adour, pressèrent l'arrière-garde qui prit position à Santanes; en même temps, le général Hill avec un corps considérable s'avançait par la route qui conduit à Aires. Trois divisions françaises, prises du corps des généraux Clauzel et Harispe, prirent position sur les hauteurs de cette ville; elles attendirent l'ennemi. Le 2 mars, sur les deux heures, on découvrit ses masses qui s'avançaient par la grande route. L'action commença entre Grenade et Aires dans le bois de Clifau. Les Portugais parvinrent à s'emparer du bois; aussitôt une brigade française fondit sur eux; malgré l'inégalité du nombre, l'ennemi fut repoussé et contraint de fuir dans le plus grand désordre. Le général anglais voyant son avant-garde culbutée, fit aussitôt avancer une division anglaise; il parvint à rétablir le combat, sans pouvoir chasser les Français de leurs positions. Bientôt le feu s'étend de tous côtés; les divisions françaises placées sur la route de Grenade croient que leurs braves camarades sont cernés, mais leur crainte dure peu; ils les voient sortir triomphans d'un combat honorable. Les trois divisions se retirent en ordre, et les Anglais, surpris d'une telle résistance, effrayés d'une perte de deux mille hommes, que cette affaire leur avait coûtés, hésitent sur le parti qu'il leur convient de prendre; ils ne savent s'ils doivent continuer de poursuivre une armée qui, profitant de toutes les positions avantageuses, et s'étant fait un plan régulier de résistance, paraît disposée à défendre le terrain pied à pied.

Tandis que Wellington profitant et du découragement des habitans du Midi et de la supériorité du nombre de son armée, envahissait le Béarn, sir Hope, qu'il avait laissé devant Baïonne, se rendait maître des deux rives de l'Adour; il investissait Baïonne dont il allait former le siége, et il recevait de nombreux renforts d'Espagne.

Le général anglais voulant signaler cette guerre par une entreprise éclatante, désirait vivement s'emparer de Bordeaux. Le général Béresford fut chargé de diriger une expédition sur cette ville. Craignant les habitans de cette cité populeuse, il eut l'adresse d'envoyer des émissaires; ils trouvèrent un homme vil, un homme disposé à vendre son pays, le maire Lynch, qui venait d'être comblé des bienfaits de l'empereur. Cet homme fut au-devant des alliés, il les appela libérateurs, il insulta à ses concitoyens, protégea l'ennemi, et celui qu'ils amenaient à leur suite; bientôt le duc d'Angoulême fit son entrée dans la seconde ville de l'empire, et les Bordelais, étonnés, se virent les vassaux des Anglais. On leur promit des priviléges, l'abolition des impôts, la franchise du port; mais on ne leur faisait de pareilles promesses que parce que l'ennemi craignait leur courage; il tremblait que l'on ne découvrît qu'une basse trahison l'avait rendu maître du Midi. Obligé de laisser peu de troupes en garnison, il flattait le peuple, accablait le héros de la France d'outrages et d'invectives, et redoutait que le courage français comprimé ne reprît son essor; que ce peuple guerrier ne secouât le joug étranger qu'il portait avec peine, et ne donnât au monde l'exemple d'un grand peuple qui sacrifie tout pour sa liberté.

Wellington, après avoir réparé ses pertes et reçu de nouveaux renforts, se mit en marche le 18 mars. Le duc de Dalmatie, instruit que l'ennemi avait réuni ses forces, prit position à Conchez; bientôt après, craignant d'être enveloppé par les troupes alliées, ce général se replia sur Vic-en-Bigorre (1).

---

(1) M. Alphonse Beauchamps a écrit l'histoire en courtisan, et non en historien. Il se plaît à injurier

La retraite eut lieu dans le meilleur ordre; elle fit le plus grand honneur à la discipline des Français et à la prudence de leur chef. On se retira par échelons en disputant le terrain pied à pied. Près de Vic-en-Bigorre, les deux divisions du lieutenant général d'Erlon laissèrent passer toute l'armée, elles s'embusquèrent dans les vignes, et se retirèrent successivement. L'Anglais ne put chasser l'arrière-garde, il perdit beaucoup de monde, tandis que nous n'eûmes pas soixante-quinze hommes hors de combat. Dans la nuit l'arrière-garde évacua et rejoignit l'armée (1).

---

l'armée française et ses concitoyens; il voit partout des conspirateurs, tandis qu'à cette époque les habitans du Midi donnaient l'exemple de toutes les vertus. On voit que la partialité la plus révoltante a conduit la plume de cet écrivain, et les gens sensés et raisonnables regrettent qu'il soit né sur le sol français.

(1) Le loyal et véridique M. Beauchamps a la candeur de prétendre qu'à Vic-en-Bigorre nous fûmes battus. Je puis assurer à ce bon Français, à cet homme qui

Le 19 mars, la retraite continua. Tarbes n'offrant pas une ligne militaire, le maréchal prit position sur les hauteurs qui se trouvent à une demi-lieue de cette ville. Le duc de Dalmatie était dans l'intention de profiter de l'avantage que lui offraient ces hauteurs et d'y attendre l'ennemi de pied ferme; déjà même il venait de prendre des dispositions, lorsqu'il s'aperçut que le général anglais cherchait à fixer son attention sur son front, tandis que ses ailes étaient en pleine marche pour le tourner; ce qui était facile à une armée de quatre-vingt-cinq mille hommes manœuvrant contre vingt mille. Le mouvement de l'ennemi étant bien

---

aime tant ses concitoyens, que, bien loin d'être battus, nous battîmes les Anglais; qu'ils essuyèrent une perte de deux mille hommes, tandis que nous n'en eûmes pas cent hors de combat. Je crois M. Beauchamps pardonnable; il ne s'est pas trouvé souvent à de pareilles fêtes, et ne connaît pas le sifflement des balles; sans cela l'honneur guiderait plus souvent sa plume.

prononcé, les ordres furent aussitôt donnés pour effectuer la retraite; ce qui se fit sans confusion et sans se laisser entamer par l'infanterie. Les divisions formées en masses marchèrent sur les flancs de la route, la cavalerie au milieu. Arrivée à un petit ravin derrière lequel se trouve une montagne très-élevée, l'armée y fut concentrée par une manœuvre habile; on y prit position, et les Anglais, étonnés de ce mouvement qui les obligea de s'arrêter, se contentèrent d'échanger quelques coups de canons avec nos avant-postes (1). Au milieu de

---

(1) M. Alphonse Beauchamps, qui n'a point été spectateur de ces différentes scènes, dit que l'armée française se retira dans le plus grand désordre, laissant beaucoup de blessés et de morts. Je me permettrai encore de faire observer à cet écrivain, qu'il a été très-mal informé. La retraite se fit avec le plus grand ordre. Tout se passa en manœuvres. Celles de M. le maréchal atteignirent le but qu'il s'était proposé, puisqu'il parvint à prendre position sur les hauteurs de. . . . . . Il donna le temps aux parcs de réserve et aux bagages

la nuit, d'après les ordres du maréchal, les Français prirent les armes; on leva le camp, et l'armée continua sa retraite.

---

de se mettre en sûreté en s'éloignant. Il arrêta l'ennemi, qui prit tellement le change que nous ne le revîmes plus qu'à Toulouse.

Toulouse est une grande ville assez mal bâtie; son plus beau monument est le Capitole, qui sert de maison municipale. Il est situé sur la grande place. Cette ville est environnée de plaines fertiles, abondantes en blés et en vins; elle est entrecoupée de rivières, de ruisseaux qui forment de belles prairies dans lesquelles on voit paître de nombreux troupeaux. Placé dans une situation avantageuse pour le commerce, le magnifique canal du Languedoc entretient sa communication avec le midi de la France, et la rend l'entrepôt du commerce des deux mers. Cette ancienne cité peut avoir une lieue de contour. Un superbe pont bâti sur la Garonne sépare de la ville un de ses faubourgs appelé *Saint-Cyprien*. Elle avait autrefois des fortifications; maintenant il ne reste plus que quelques vieilles tours et un mur qui tombe en ruines. Le nombre des habitans est de cinquante mille âmes.

Il y a deux routes qui conduisent de Tarbes à Toulouse, celle de Saint-Gaudens, et celle d'Auch. La première décrit une espèce d'arc, tandis que l'autre suit une ligne droite. Les Anglais, maîtres de la seconde, pouvaient facilement arriver avant nous dans cette capitale du Languedoc. Ce mouvement, sagement combiné, eût privé l'armée française de toutes ses ressources; il l'eût contrainte de se jeter dans les montagnes du pays de Foix. La fortune du général français voulut que son trop prudent compétiteur ne profitât point et du nombre de ses troupes et des avantages des localités, enfin de tout ce que le hasard avait fait en sa faveur; il agit avec lenteur, prit quelques jours de repos, et lorsqu'il parut devant Toulouse, il trouva cette ville couronnée par de nombreux retranchemens élevés comme par enchantement, et une armée disposée à seconder son chef et à vaincre ou mourir (1).

(1) M. Alphonse Beauchamps, toujours impartial,

Ce fut à Toulouse que le duc de Dalmatie fit arrêter l'armée ; ce fut cette ville qu'il choisit pour le centre de ses opérations ; ce fut dans ses murs qu'il développa tout le génie de l'homme guerrier.

Les pertes nombreuses éprouvées dans les journées du 9 au 13 décembre, dans celle du 27 février, n'avaient pu se réparer. Les dix mille hommes envoyés dans le Nord n'avaient pas été remplacés ; l'armée française en entrant à Toulouse comptait à peine vingt mille baïonnettes. Wellington au contraire avait vu ses divisions s'accroître chaque jour, il avait reçu tous les renforts d'Espagne ; il voulait renouveler parmi nous les scènes terribles qui avaient eu lieu dans l'Inde. A sa suite marchaient la guerre

---

dit que Wellington fit un trait de génie en ne poursuivant pas l'armée française. Si par hasard nous avons la guerre, ce que je suis loin de desirer, je souhaite pour mes compatriotes que de pareils traits de génie se renouvellent souvent !!!

civile et la trahison; il rappelait une famille étrangère à nos affections, que nous, soldats, n'avions jamais connue; mais elle avait encore des partisans parmi la noblesse. Wellington le savait; il annonçait qu'il voulait la remettre sur le trône; il disait même, chose impossible, et prouvée par les siècles, que lui Wellington, né anglais, voulait le bonheur de la France, l'abolition des droits réunis et de tous les impôts. Tels sont les moyens dont l'ennemi se servait pour conquérir le Midi. Le chef des alliés commandait quatre-vingt-cinq mille hommes. Son armée était, à la vérité, formée de trois nations différentes; mais l'intérêt qui les avait réunies subsistait encore; elles chérissaient leur chef, et désiraient se venger sur la France des désastres de l'Espagne.

Le duc de Dalmatie, dénué de toute espèce de secours, et livré à lui-même, se créa des moyens de défense; il fit construire autour de Toulouse des ouvrages qui étonnèrent à la fois et les habitans et l'ennemi. Le faubourg Saint-Cyprien fut fermé de tous côtés; une forte redoute fut élevée à son entrée sur la route d'Auch; une autre fut établie sur le pont neuf, qui fut barricadé. Trois têtes de pont furent construites aux trois ponts qui traversent le canal; la première au pont du passage, la deuxième à celui des Minimes, et la troisième à celui qui touche à la route d'Alby. Mais c'était peu d'avoir établi une ligne défensive le long du canal, le général français fit encore fortifier toute sa droite, il fit élever cinq redoutes, liées les unes aux autres, battant sur tous les points et se protégeant mutuellement. Les soldats et quelques habitans travaillèrent avec une activité incroyable. Ils achevèrent en peu de jours des ouvrages qui eussent demandé des mois. Lorsque les alliés parurent tout était terminé (1).

(1) M. Alphonse Beauchamps, qui voit partout des conspirations, nous dira-t-il comment les ouvrages

Wellington, ce général habile, mais que des flatteurs ont mal à propos comparé à Condé et à Turenne, avait fait une bien grande faute. Il avait par sa lenteur rendu inutiles les avantages qu'il avait obtenus ; il avait donné le loisir à son adversaire de faire tout ce que peuvent l'art et la prudence pour arracher les faveurs de la Fortune.

Le général anglais, instruit que le faubourg Saint-Michel n'était pas fortifié, détacha quinze mille hommes sur le chemin de Foix. Cette expédition, qui avait pour but de s'emparer de la route de Carcassonne, n'eut aucun succès. Les pluies qui n'avaient cessé de tomber avaient

---

extérieurs, faits pour défendre Toulouse, furent terminés en quelques jours? J'ai vu des habitans aisés, de riches négocians, la bêche à la main, travailler du matin jusqu'au soir ; j'ai vu toute la population frémir au nom des Anglais, s'empresser de prendre les armes, et se former en gardes urbaines pour pouvoir se battre contre les éternels ennemis de la France.

endommagé les chemins; les colonnes ne pouvaient marcher dans ce pays rempli de marais.

Le duc de Dalmatie, qui d'abord avait fait prendre position entre la route d'Auch et de Saint-Gaudens, concentra bientôt ses forces. Une partie des troupes passa la Garonne; la ligne fut moins étendue; la gauche fut placée au cimetière Saint-Cyprien, et la droite un quart de lieue en avant du canal de Languedoc, à la maison nommée *Tuilerie* (1).

Le général anglais, ayant reconnu toutes ses positions et réuni son armée, fit jeter, dans la nuit du 7 avril, un pont de bateaux sur la Ga-

(1) Il n'est point étonnant que l'auteur de la Guerre de 1814 ne nous donne point la position de l'armée : tranquille dans son cabinet, il a avoué publiquement qu'il n'avait fait que copier les journaux écrits pendant le séjour des Anglais par quelques folliculaires. Eh! voilà les documens dont il se sert pour écrire l'histoire!!!

ronne, au village de Beauselle. Quinze mille alliés passèrent sur ce pont; ils se rendirent maîtres de la route de Montauban; ils firent prisonniers quelques chasseurs à cheval, qui avaient été détachés et qui furent surpris. Trois heures après, la crûe des eaux fit rompre le pont. Les quinze mille hommes qui avaient passé la Garonne se trouvaient dans une position qui leur serait devenue funeste si on l'eût connue; mais on n'en fut pas averti, et ils eurent le temps de construire un second pont.

Le 9, toute l'armée ennemie traversa la Garonne; sur les cinq heures du soir les avant-postes français placés à la Tuilerie furent attaqués. Le 6e léger et le 69e de ligne, qui défendaient ce poste, reçurent l'ordre d'évacuer et de se retirer sur la rive droite. L'ennemi fit passer aux avant-postes de nombreuses proclamations dans lesquelles il annonçait que nous étions battus de toutes parts, que les alliés étaient maîtres de Paris et qu'ils allaient partager la France. Je ne sais quelle était l'intention des Anglais en semant de pareils bruits; mais, au lieu d'éteindre la valeur des soldats, ils ne firent qu'enflammer leur courage; on les entendait se dire mutuellement que Paris pouvait être pris, mais que les alliés sauraient ce qu'il leur en coûterait pour s'emparer de Toulouse.

Le jour de Pâques, 10 avril, l'armée prit les armes à quatre heures du matin; elle occupa les positions qui avaient été désignées. La première division, commandée par M. le général d'Arricau, fut répartie le long du canal derrière les trois ponts. Le 31e léger, sous les ordres du brave major Bourbacki, fut embusqué au couvent des Minimes. La deuxième division, commandée par le général d'Armagnac, fut placée sur le côté d'un petit monticule à gauche de la route d'Alby. M. le comte d'Erlon avait le commandement supérieur de ces deux divisions. Le général Villatte, avec les troupes qu'il commandait, se trouvait en avant sur la petite rivière d'Ers. La division Taupin, ainsi qu'une brigade de la 5e, garnissaient les redoutes. M. le général Clauzel avait le commandement supérieur de cette troupe. Enfin, les deux divisions du comte Reille défendaient le faubourg Saint-Cyprien et garnissaient les ouvrages qu'on y avaient établis. Les conscrits, qui auraient pu embarrasser la marche des colonnes et semer l'effroi dans les rangs, étaient répartis le long des remparts. L'ennemi, en les voyant, croyait que c'étaient de nouvelles masses disposées à se porter où le danger rendrait leur présence nécessaire.

La bataille de Toulouse est la dernière qui ait été livrée en Europe. Les Français, quoiqu'inférieurs en nombre, y justifièrent la réputation éclatante de courage que leur avaient méritée leurs premières campagnes.

L'armée, au point du jour, ayant pris les armes, chaque chef de corps conduisit son régiment dans la position qu'il devait défendre. Tout se fit sans confusion et dans le plus profond silence.

Le duc de Dalmatie, suivi de son état-major général, se porta près de la grande redoute; de ce point il dominait la plaine, et son coup d'œil embrassait les manœuvres des ennemis.

L'action s'engagea à six heures du matin. Le général Béresford attaqua la division Villatte qui se trouvait en position près la rivière d'Ers; ce général fit une belle défense, se retirant peu à peu, et par les hauteurs gagnant les redoutes. Dans le même temps le corps espagnol du général Freyre longeait la route d'Alby; il plaçait une forte batterie à un quart de lieue du pont, se formait en masses et s'avançait sur nos lignes. A l'aspect de la contetenance fière de ces Espagnols, si souvent battus, les soldats furent un moment étonnés; mais bientôt une brigade de la division d'Armagnac s'élance, elle se presse sur ces faibles ennemis, elle les culbute, les entame; alors la voix des chefs est méconnue; le général espagnol est renversé dans un fossé; en vain veut-il se relever, il est foulé aux pieds; ses soldats ne l'entendent plus, ils fuient dans le plus grand désordre. Cette colonne qui, un instant auparavant, s'avançait comme en triomphe, n'existe plus, et les Anglais sont témoins de la honte et du trépas de leurs frères d'armes. Au premier pont, sur le canal, le succès est le même. Une colonne anglaise s'est avancée, elle a cru pouvoir s'emparer des retranchemens; elle marche sans crainte, elle ne reçoit aucun coup sûr, elle ne voit derrière les parapets que les têtes de quelques soldats. Tout à coup, lorsqu'elle est arrivée à portée de mitraille, le feu commence; la redoute masquée qu'elle n'avait pas aperçue tonne contre elle. Pas une charge n'est perdue; la mitraille tombe au milieu des masses; les soldats anglais sont frappés par centaines; l'artillerie foudroyante porte la terreur, la confusion et la mort dans leurs rangs. Semblable au reflux de la mer, la colonne anglaise est reportée à l'endroit d'où elle était partie. Le sol est couvert de sang;

les Anglais entendent les cris de douleur, les gémissemens des mourans, des blessés qu'ils viennent d'abandonner; ils les voient se débattre, et ils ne peuvent leur porter des secours. On vit alors un jeune officier implorer la pitié des soldats; il s'était réfugié derrière un arbre, il ne pouvait avancer ni reculer; les balles qu'il entendait siffler de tous côtés augmentaient sa terreur. Livré à lui-même, seul vis-à-vis d'un ennemi nombreux, il n'envisageait que le trépas. En vain faisait-il signe aux siens de ne pas tirer sur les Français; en vain semblait-il leur dire: « Insensés ! que faites-vous? vous allez tuer votre camarade »; dans l'acharnement qui anime les deux partis on ne voit pas ses signes, on ne fait pas attention à son malheur; bientôt il tombe percé de plusieurs balles.

Les habitans de Toulouse, qui n'entendent plus le canon gronder, croient la bataille terminée; ils viennent alors visiter les lignes; ils frémissent en voyant les alentours de leur ville couverts de morts et de blessés. Leurs soins compatissans prodiguent à ces derniers des secours, ils étanchent le sang, ils bandent les plaies, ils conduisent dans les hôpitaux leurs compatriotes et leurs ennemis, victimes déplorables d'une guerre si funeste aux deux partis. Bientôt la terreur, plus forte que l'humanité, leur fait déserter la place, le canon gronde, il se rapproche, les colonnes s'ébranlent, la bataille ne fait que commencer (1).

Deux divisions anglaises, commandées par Béresford, attaquent les hauteurs de la Pujada, où se trouvait la première redoute. Repoussées avec une perte horrible, elles se refor-

(1) L'auteur de la *Guerre de* 1814 se plaît à insulter ses concitoyens. Il prétend qu'à la bataille de Toulouse la garde urbaine refusa de marcher. Rien n'est plus faux que cette assertion. La garde urbaine se conduisit avec loyauté et bravoure, elle eut même quelques-uns de ses soldats de blessés; elle maintint la tranquillité publique, et dans ces grands événemens fit respecter les personnes et les propriétés.

ment, reçoivent des renforts, et attaquent de nouveau. Les Français, qui sont à la veille d'être entourés par leurs nombreux ennemis, évacuent cette redoute; les Anglais s'y logent. Une division fraîche vient au secours des Français; ils chargent les alliés, les repoussent. La redoute est occupée de nouveau. Alors les généraux anglais se mettent à la tête des colonnes, ils reviennent à la charge, on se bat avec la plus grande opiniâtreté; le sang coule de toutes parts, la terre est couverte de cadavres. Dans un petit espace de quatre pieds, j'en ai compté quarante-trois. Wellington fait sans cesse avancer de nouvelles masses; les Français sont près d'être cernés; ils se rallient, se précipitent sur l'ennemi, et le forcent à céder le terrain Bientôt on n'entend plus ni les cris des blessés, ni le sifflement des balles, ni le lourd bruissement des boulets. Tout entier au combat, le soldat n'écoute que son ardeur guerrière, il ne sent que le besoin d'être vainqueur; emporté par son courage, il court à une mort assurée, comme un homme ordinaire va à une fête. Le général anglais voit ses colonnes hésiter, il s'aperçoit qu'il a mal calculé les chances de la bataille; sa réputation peut être compromise; il craint que l'histoire impartiale ne rapporte que quatre-vingt-trois mille Anglais, Portugais et Espagnols ne purent vaincre vingt mille Français! Il hésite, il donne un moment de repos à ses troupes. Du haut de la redoute dont il vient de se rendre maître, il aperçoit alors Toulouse, il voit une ville opulente qui peut augmenter ses ressources; le désir de la gloire, l'espérance du succès le raniment; il descend, rejoint ses masses et dispose tout pour continuer le mouvement offensif.

Les redoutes sont attaquées vivement, elles sont défendues de même; la valeur anglaise vint échouer au pied des retranchemens; les alliés la secondent avec ardeur, mais la mitraille les foudroie; de longues files tombent; les rangs abattus sont remplacés par de nouvelles masses. Les Anglais, les Espagnols et les Portugais, foulant sous leurs pieds les cadavres de leurs compatriotes, s'avancent sans crainte d'un même sort, et ce spectacle, au contraire, redouble leur fureur, et ranime encore leur courage.

A trois heures on se bat avec acharnement. Le gain de la bataille est douteux. La première redoute est occupée par l'ennemi; les autres sont toujours en notre pouvoir. Dans ce moment, le général français s'aperçut du mouvement de Wellington, il y oppose une masse. Il ordonne au général Taupin de se porter en avant, et d'embusquer sa division le long des haies. Ce mouvement coupait l'armée ennemie en deux, il acculait Béresford à un marais qui se trouvait vis-à-vis la troisième redoute. Mais le général Taupin, sortant du lieu favorable où il était placé en embuscade, se précipita en téméraire sur l'ennemi; il n'écouta que sa valeur, et courut sur les Anglais avant d'avoir formé sa troupe. Sa division fut ramenée en désordre. Béresford, qui reconnut cette faute, voulut en profiter ; il forma sa troupe en bataille, fit faire un feu de deux rangs. Voyant que les Français, étonnés de ce feu vigoureux, commençaient à rétrograder, il fit charger avec vigueur. Le général Taupin, frappé d'un coup mortel, paya de sa vie son imprudence. Tout conspirait contre les Français. Le général de brigade Lamorlière fut blessé dangereusement ; le désordre se mit dans cette division, elle rétrograda. La première brigade de la division d'Armagnac accourut à son secours, et soutint le choc des Anglais. La division battue se forma derrière elle ; mais le mouvement était donné ; les Anglais, supérieurs en nombre, avaient l'avantage. Le duc de Dalmatie, ne voulant pas compromettre la sûreté de l'armée, fit à nuit close évacuer les redoutes ; les troupes prirent position le long du canal (1).

(1) Il faut avoir une bien grande dose d'impudence

Tandis que des deux côtés on se battait avec la même valeur, le général Hill cherchait à s'emparer des ouvrages qui défendaient Saint-Cyprien. Le général Picton renouvelait ses démonstrations à l'embouchure du canal. Cette attaque eut le sort de la précédente. L'ennemi eut à regretter les deux tiers des soldats qui tentèrent l'assaut. Il fut repoussé avec une si grande perte, que la terre était couverte de ses morts.

A huit heures du soir, le feu continuait encore ; deux bombes lancées de la ville servirent comme de signal pour le faire cesser. Bientôt, du pont de la route d'Alby, nous découvrîmes les alliés qui, maîtres de la troisième redoute, se trouvaient placés, pour ainsi dire, au-dessus de nos têtes. Ils travaillaient avec ar-

---

pour oser écrire qu'à la bataille de Toulouse les Anglais furent vainqueurs, tandis qu'une population entière peut rendre témoignage à la vérité, et attester qu'ils perdirent de dix-huit à vingt mille hommes, et les Français deux mille cinq cents.

deur à détruire les ouvrages; on entendait très-distinctement leur voix. Ils se plaignaient des pertes énormes qu'ils avaient faites, et les Espagnols surtout maudissaient le courage de ces *demonios* de Français (1).

Avec la nuit le calme se rétablit; les clameurs cessèrent. Bientôt on n'entendit plus que la marche lente des patrouilles, et la voix monotone des factionnaires. Mais, au point du jour, la ville de Toulouse offrit partout un spectacle bien pénible; on avait été contraint de placer dans les maisons particulières les blessés de toutes les nations. On entendait les gémissemens douloureux des mourans

---

(1) Ici M. Beauchamps fait de longues réflexions et accuse un magistrat respectable, il le calomnie, il prétend qu'il fut cause de la bataille qui eut lieu sous les murs de la capitale du Languedoc. Les tribunaux ont fait justice d'un pareil mensonge, et M. Beauchamps, en faisant ressortir les moyens de celui qu'il calomniait, a prouvé que, mauvais écrivain, il écrivait encore mieux qu'il ne parlait.

qu'on transportait sur des brancards faits à la hâte; les femmes et les enfans, troupe faible et timide, faisaient retentir les rues de ces cris de terreur; le reste des habitans, effrayé des suites du combat, attendait avec inquiétude le sort qui lui était réservé.

Les Français perdirent à l'affaire de Toulouse deux mille cinq cents hommes braves. Les Anglais, de leur propre aveu, eurent plus de quinze mille hommes hors de combat: les régimens anglais qui se battirent le mieux furent aussi ceux qui eurent à regretter le plus de monde. Le lendemain de la bataille, je fus détaché avec mon bataillon au pont qui se trouve à l'embouchure du canal. Sans être taxé d'exagération, je puis assurer que, dans un espace de dix toises carrées, on comptait plus de deux cent soixante cadavres, tous anglais ou écossais. J'eus l'occasion de m'entretenir avec un gentleman envoyé pour faire enterrer les morts. Il parlait un peu français; quoique ennemis nous causâmes familièrement:

entre des militaires, la confiance s'établit bientôt. En nous voyant tranquillement assis au pied d'un arbre, partager un déjeûné frugal et boire dans le même verre, jamais on ne se fût douté que la veille nous étions ennemis acharnés. Je lui demandai ce qu'il pensait de la bataille. Elle est terrible, me répondit-il avec le flegme anglais. Lord Wellington a toute notre confiance; mais encore une journée comme celle-ci...... Oui, interrompis-je avec la vivacité d'un officier de voltigeur, encore une journée comme celle-là, et lord Wellington retournera en Angleterre comme Pyrrhus retourna en Épyre. Mon gentleman blâma beaucoup la conduite des Espagnols. Suivant lui, ils étaient la cause des désastres que venait d'éprouver l'armée anglaise. N'en accusez personne, lui dis-je; les Espagnols ont été forts sur leur territoire, nous le serons aussi sur le nôtre; une nation qui veut se défendre n'est jamais asservie. Nous parlâmes ensuite de la paix; car c'est toujours là où l'homme doit en revenir, la nature ne le créa pas pour détruire ses semblables. Il m'avoua qu'il était bien fatigué de la guerre, et qu'il désirait vivement la tranquillité. Je vous crois, lui dis-je, mais elle me paraît impossible; votre cour, qui avait proposé des conditions raisonnables, veut maintenant la perte de ma patrie, elle sème parmi nous les dissensions et la guerre civile. Votre général traîne à sa suite des hommes qui se disent princes français, et qui nous sont inconnus. Nous ne pouvons leur appartenir; ainsi il faut renoncer à l'espoir de la paix. Nous bûmes à la santé l'un de l'autre, et nous nous quittâmes en nous promettant que, si le hasard nous faisait rencontrer, nous nous rappellerions notre singulière entrevue sur le champ de bataille de Toulouse.

Pendant que ces événemens se passaient, le général Thouvenot, à la tête de la garnison de Baïonne, faisait une sortie vigoureuse, il détruisait les ouvrages avancés, chassait au loin les ennemis, et leur faisait éprouver une perte considérable; plusieurs généraux alliés furent blessés. Le général en chef sir Hope et plus de huit cents soldats furent tués.

Le général Blondeau, laissé dans Saint-Jean-Pied-de-Port, défendait les approches de cette place et empêchait les alliés de s'en rendre maîtres.

La journée du 11 avril se passa sans que l'on fît aucun mouvement. Les troupes restèrent bivouaquées le long du canal. Les alliés firent enlever les cadavres. Sur les lignes opposées on ne tira pas un seul coup de fusil. Dans la ville tout fut tranquille; il ne se commit aucun désordre; et la troupe et les habitans se conformèrent aux ordres que l'on fut obligé de prendre pour empêcher tout événement malheureux (1). Dans la nuit du 11 au 12, M. le

(1) Suivant M. Beauchamps, peu s'en fallut que Toulouse ne fût pillée par les Français. Comment ose-t-on écrire de pareilles calomnies? C'est vous tous, habitans de cette grande ville, que je fais juges de la con-

maréchal effectua paisiblement sa retraite par Castelnaudary (1).

On a prétendu que lord Wellington pouvait couper la retraite à l'armée en s'emparant de la route de Castelnaudary. On a dit que, par humanité, il n'exécuta pas cette manœuvre. Je répondrai qu'il est étonnant qu'on établisse une assertion aussi majeure sur une preuve aussi légère. Ou le général anglais nous faisait la guerre, ou il ne nous la faisait pas. La bataille de Toulouse prouve aux hommes

---

duite que nous avons tenue? Parlez, et réduisez au silence ces hommes pervers indignes du beau nom de Français.

(1) M. Beauchamps, qui a été mal informé, a fait la description de la bataille de Toulouse d'après les bruits populaires. Le soir de cette affaire, le calme le plus parfait régna dans la ville par les soins de la garde urbaine. L'armée resta dans ses cantonnemens, et il n'est point vrai que l'on s'occupât de de créneler les maisons.

qui veulent voir des vertus partout, et l'homme nulle part, que le général des alliés nous faisait une guerre active; s'il ne tira point parti des circonstances, s'il agit avec lenteur, c'est qu'il n'a rien laissé au hasard. Il ne jugea pas à propos d'étendre ses lignes jusqu'à la route de Castelnaudary. Il craignait une armée dont il venait d'éprouver la valeur, et aimait mieux la laisser passer sans inquiéter sa marche, que de risquer un nouvel engagement qui pouvait lui devenir funeste (1).

Tandis que le Languedoc était le théâtre de la guerre, le maréchal duc d'Albufféra ayant

---

(1) Encore une fausse assertion de l'écrivain de la campagne de 1814. Wellington qui, deux jours auparavant, avait livré une bataille rangée avec quatre-vingt-cinq mille hommes contre vingt mille, changea de caractère et nous laissa passer tranquillement. Il ne voulait pas, dit Beauchamps, verser le sang français. Et que voulait-il donc à Toulouse? Il faut avouer que ce M. Beauchamps est un bien habile homme!

laissé une forte garnison dans Perpignan, avait envoyé dix-huit mille hommes à l'armée de Lyon. Son corps, réduit à quatorze mille combattans, arriva le 12 avril à Carcassonne. Les deux armées allaient donc se réunir, lorsqu'on apprit les événemens du 31 mars. Privé des chefs qui les avaient conduits à la victoire, les soldats, mornes et abattus, quittèrent les rangs, et l'armée fut désorganisée.

Telle fut la fin de la campagne dans le midi de la France. Acteur dans les combats, et spectateur de tous ces grands événemens, je restai en Espagne depuis 1808 jusqu'en 1814; j'y ai recueilli des documens et des matériaux qui me mettront à même de travailler plus en détail à l'histoire de la guerre de la péninsule. Je n'ai l'intention, dans ce moment, que de réfuter le pamphlet de M. Sarrazin; car c'est le seul nom qu'on puisse donner à un ouvrage écrit avec une partialité révoltante, et où tous les faits sont tronqués.

J'aurais pu battre l'auteur de la *Guerre d'Es-*

pagne avec ses propres armes, et faire connaître au public le degré de confiance que l'on doit ajouter à ses paroles. Je l'invite à relire le mémoire qu'il présenta à M. le comte Dupont, le 9 août 1814. Je l'engage surtout à corriger la phrase suivante, qui lui est sans doute échappée par mégarde : « *J'avais composé six cents » notes* (1), *dont environ trois cents avaient été » traduites en anglais, et la traduction avait » été corrigée dans les bureaux du marquis de » Wellesley. S. A. R. la princesse de Galles, » à qui le colonel sir Robert Vilson en avait » présenté plusieurs des plus intéressantes, » daigna me faire dire : Qu'il n'était pas » convenable qu'un militaire écrivît sur le » compte de ses camarades pour amuser le » public malin de Londres.* »

Comment se fait-il que M. Sarrazin ait oublié

(1) Ces notes servirent à la composition d'un livre abominable, *le Cabinet de Saint-Cloud*, ouvrage dégoûtant et ordurier.

si tôt la sage leçon que lui avait donnée cette princesse? Comment se fait-il qu'un mois après sa rentrée dans sa patrie, emporté par des passions haineuses, guidé par un intérêt sordide, il ose calomnier la nation, il ose insulter les braves dont les blessures attestent le courage, il ose enfin attaquer, dans une Notice placée à la fin du volume, et où il ne vante les généraux qu'il a naguère calomniés que parce qu'il les voit en crédit; il ose, dis-je, attaquer la réputation militaire de ce chef distingué, de ce Bayard sans peur et sans reproche, qui sortit victorieux des plaines de Fleurus? (1)

Oublions, s'il est possible, le caractère privé d'un homme qui méconnut et ses devoirs et sa patrie; mais ne poussons pas l'indulgence jusqu'à souffrir que cet homme vienne calomnier des noms que nous aimons à entourer de notre respect et de notre admiration.

---

(1) Le maréchal Lefèvre, duc de Dantzick.

Je répète au lecteur que je n'ai jamais vu M. Sarrazin, que je ne le connais pas, et que si je le réfute, c'est par le sentiment de l'honneur national; c'est pour mettre un terme à l'arrogance d'un homme qui, ne s'étant pas encore lavé d'un crime que les lois punissent de mort, ose juger ses juges et insulter sa nation et l'armée.

Je n'ai pu, dans un simple Précis historique, rapporter tous les faits qui honorent le courage français. Je n'ai pas cité tous les généraux qui ont prouvé des connaissances étendues, et qui se sont faits une réputation militaire éclatante; j'ai dû me renfermer dans le cadre que je m'étais tracé, et présenter l'analyse exacte des faits.

La guerre d'Espagne, si féconde en événemens militaires, ne sera pas perdue pour la postérité, elle fera époque dans les annales du monde. L'histoire impartiale n'attribuera nos revers qu'à leur cause légitime; elle dira que, malgré le nombre et les localités, nos soldats se montrèrent dignes du nom français ; elle dira que tout contribuait aux succès des Espagnols, en ce qu'ils combattaient pour leur patrie et pour leur liberté. Ces motifs étaient puissans sur des esprits ardens et fanatiques. Les Français n'avaient pas un semblable véhicule ; ils venaient dans les Espagnes, pour soumettre des peuples dont ils auraient préféré être les amis; ils n'avaient aucun intérêt, et, s'ils ont montré tant de courage, c'est qu'ils voulaient soutenir leur gloire militaire. C'est au bruit des victoires des Espagnols que les autres peuples se sont réveillés ; c'est la glorieuse défense de Saragosse qui, funeste à la réputation des Français, leur fit perdre l'ascendant que la victoire leur avait donné et la confiance de leurs forces. L'histoire peindra les difficultés sans nombre que nous eûmes à surmonter, l'enthousiasme des habitans et la mésintelligence de nos chefs ; elle n'oubliera pas les trois guerres du Nord, qui, au moment d'achever la conquête de la péninsule, forcèrent de dégarnir les provinces conquises et de faire sortir les troupes de l'Espagne. Elle appréciera le mérite, la valeur et le courage des uns, et l'abnégation de soi-même, l'amour de l'indépendance et de la patrie des autres. Alors nos neveux connaîtront l'étendue de nos sacrifices, la force de notre caractère et la grandeur de nos exploits; ils sentiront que nos revers, si désastreux après tant de victoires, ne peuvent être attribués qu'à des circonstances imprévues, indépendantes de notre courage, qui était digne d'un meilleur succès.

C'est à nous, Français et militaires, à nous défier de ces hommes sans honneur comme sans patrie, de ces écrivains caméléons politiques, prêts à vendre leur plume envenimée à qui veut l'acheter; de ces hommes astucieux qui, ministres d'un Dieu de paix, ont abandonné les parvis du temple, et ont servi toutes les sectes et tout les partis. Que l'honneur et la gloire nationale soient nos guides. Rallions-nous autour de ces drapeaux qui conduisirent à la victoire nos phalanges invincibles. Le grand homme est avec nous, il ramène et nos triomphes et notre gloire. Malheur à la nation qui se mêlerait de nous imposer des lois ! Les alliés, les hommes dont on nous parle tant, dont on cherche à rehausser la valeur et les exploits, ne sont-ils pas les mêmes que nous avons vaincus à Arcole, à Maringo, à Ulm, à Austerlitz, à Jéna? etc. Oui, nous resterons dans nos limites; mais malheur à celui qui nous les ferait franchir, il rencontrerait partout l'élan d'un peuple qui combat pour sa liberté, et pour celui qu'en dépit de quelques envieux, la génération et la postérité nommeront héros et grand homme.

FIN DU QUATRIÈME LIVRE.

PIÈCES JUSTIFICATIVES.

RAPPORT

DU MINISTRE DE LA GUERRE CLARKE.

Paris, le 30 juin 1810.

Votre Majesté m'a chargé, par son ordre, en date du 18 de ce mois, de lui faire un rapport sur ce qui regarde l'ex-général Sarrazin.

Jean Sarrazin est né au bourg Saint-Silvestre, canton de Penne, département de Lot et Garonne, le 15 août 1770. Ses parens étaient cultivateurs.

Le 27 septembre 1786, il s'enrôla dans le cinquième régiment de dragons, et il fut réformé le 14 septembre 1787.

A cette époque, il s'établit à la Réole, département de la Gironde, et il exerça la profession de maître de mathématiques.

Le 12 septembre 1790, il obtint une place

de maître de mathématiques au collége de Sorrèze, que dirigeaient alors les Bénédictins ; et c'est sans doute cette circonstance qui a fait dire par la suite qu'il avait été moine, fait qui n'est nullement prouvé.

Il a quitté cet emploi, deux ans après, pour suivre le mouvement qui portait alors presque tous les Français vers les frontières, et il se rendit à l'armée du Nord.

Appelé à Châlons pour l'instruction des aspirans à l'école d'artillerie, il se trouva dans cette place, lorsqu'après la prise de Verdun, les habitans de Châlons formèrent un bataillon, dont il fut nommé adjudant-major, et il remplit ces fonctions jusqu'au 20 septembre 1792, époque de la dissolution de ce bataillon. Mais ces circonstances, extraites d'un mémoire signé par lui, ne sont garanties que par sa seule déclaration ; ce qui est constant, c'est qu'il fut nommé à Metz lieutenant d'une compagnie franche, dite de Saint-Maurice, à la fin de 1792, et capitaine de la même compagnie le 18 mars 1793 : c'était alors la pluralité des voix qui décidait la nomination.

Dès son entrée au service, il donnait déjà des marques de cet esprit inquiet et tracassier qu'il a constamment montré dans sa carrière militaire. Il avoue lui-même, dans le mémoire déjà cité, que, pour avoir pris part à des réclamations qui parurent factieuses, il fut cassé et dégradé par ordre du général Houchard, en 1793, et forcé de servir comme simple soldat. Il ajoute : que le premier octobre 1793, il rejoignit à Chatillon, département des Deux-Sèvres, la compagnie franche de chasseurs de la Gironde; qu'il assista à différentes affaires à l'armée de la Vendée; que successivement il passa en qualité de secrétaire au service du général Marceau. Il fut nommé adjoint aux adjudans généraux, le 9 prairial an 2.

Le 6 fructidor de la même année, il fut nommé adjoint de première classe au corps du génie par le représentant du peuple Gilet en mission près de l'armée de Sambre et Meuse.

Le 6 brumaire an 3, le même représentant le nomma adjudant général, chef de bataillon, en considération des témoignages que le général Marceau avait rendus de sa conduite après l'expédition de Coblentz.

Le 18 brumaire an 3, sa nomination fut confirmée par le comité de salut public ; et le 25 prairial suivant, il obtint le brevet d'adjudant général, chef de brigade.

Il fit les campagnes de l'an 3, de l'an 4 et de l'an 5, aux armées de Sambre et Meuse et d'Italie.

Le 27 fructidor an 6, il reçut l'ordre de se rendre à Rochefort, pour y servir dans une des divisions de l'armée d'Angleterre. Il fut du petit nombre des Français qui effectuèrent leur débarquement en Irlande, et il y fut nommé, par le général Humbert, général de brigade à la prise de Killala, et général de division à l'affaire de Castlebar, où il enleva un drapeau à la cavalerie ennemie.

A son retour en France, il trouva le directoire exécutif peu disposé à confirmer un avancement aussi rapide. Il demanda à servir comme adjudant général à l'armée d'Italie, que commandait le général Joubert.

Chargé de conduire un corps de troupes à l'armée de Rome, il fit, avec cette armée, la campagne de l'an 7 à Naples, et fut nommé général de brigade sur le champ de bataille après l'affaire de la Trébia.

A l'armée d'Italie, sa conduite tortueuse et équivoque l'exposa à des soupçons humilians pour un militaire : on l'accusa d'exercer le métier de délateur ; son opposition constante aux ordres de ses chefs fortifia cette opinion, et les désagrémens qu'il éprouva le forcèrent de demander lui-même de se retirer dans ses foyers.

Le 21 pluviôse an 9, il reçut l'ordre de rentrer en France. Le premier prairial an 9, il lui fut notifié qu'il n'était plus compris sur le tableau de l'état-major général.

Rendu à la vie privée, son inquiétude naturelle lui suggéra différens projets. Il demanda d'être employé, tantôt en Amérique, tantôt dans les Indes orientales. Il témoigna le désir de prendre du service dans les troupes de la république batave; mais il n'accomplit aucune de ses résolutions, et il était encore en France, lorsque, le 10 vendémiaire an 11, il fut rétabli sur l'état des généraux de brigade, en remplacement du général Collé, nommé général de division.

Deux mois après on lui ordonna de passer à Saint-Domingue ; il n'y resta qu'une année ; le mauvais état de sa santé détermina le général Rochambeau à le renvoyer en France, où il arriva le 22 frimaire an 12.

Le général Augereau commandait alors un camp formé à Brest. Le général Sarrazin demanda et obtint d'être employé sous ses ordres. Son caractère, toujours porté à la dénonciation, lui suscita bientôt de nombreux ennemis. Il se déclara l'accusateur des généraux et des administrations de l'armée, dans un mémoire qu'il fit parvenir à l'empereur, sous la date du 23 frimaire an 13. Ses indiscrétions ayant sans doute révélé une partie des faits contenus dans ce mémoire, le cri d'indignation qui s'éleva contre lui, lui ôta le courage de soutenir publiquement le rôle dont il n'avait pas craint de se charger ; il se forma contre lui un tel orage, qu'il se vit forcé, pour la deuxième fois, de demander à quitter ses fonctions. Il fut néanmoins maintenu à son poste, et il fit, avec son corps d'armée en Allemagne, les campagnes de l'an 14 et 1806.

Des discussions qu'il eut avec le général Heudelet, dans la division duquel il servait, forcèrent le gouvernement de le rappeler en France.

Le 31 octobre 1806, il fut employé dans la vingt-quatrième division militaire, sous les ordres du général Chamberlhac, qui lui confia le commandement du département de la Lys. La mésintelligence, qui ne tarda pas à éclater entre le préfet et lui, fit sentir la nécessité de lui donner une autre destination, et il fut envoyé dans l'île de Cadzand.

Sa conduite, toujours hors de mesure, ses procédés arbitraires indisposèrent contre lui les habitans, les autorités et le général Chamberlhac. Les plaintes qui parvinrent au gouvernement déterminèrent encore le changement de sa résidence; il reçut des lettres de service pour la seizième division militaire.

Il servait dans cette division au camp de Boulogne, depuis le 11 février 1809, et il avait eu le bonheur d'y vivre en bonne harmonie avec ses chefs et ses subordonnés, lorsque, par la plus lâche défection, il a imprimé à son nom un opprobre ineffaçable.

Telle est l'histoire du général Sarrazin, qui n'est, à proprement parler, que celle des travers de son esprit, des torts de son caractère, et de ses nombreuses inconséquences.

Le Ministre de la guerre,

DUC DE FELTRE.

Au quartier-général d'Alcaniz,
le 29 juin 1809.

SOLDATS,

L'EMPEREUR m'a ordonné de venir remplacer le duc d'Abrantès, qui tant de fois nous avait conduits victorieux dans les tranchées de Saragosse. Le premier jour de mon arrivée, j'ai réuni une partie de vous; je vous ai menés à l'ennemi. Je l'ai attaqué pour le reconnaître; sa supériorité de nombre m'a déterminé à ne pas renouveler l'attaque, et à manœuvrer pour le faire sortir de ses positions. Nous nous sommes débarrassés de nos bagages; nous avons travaillé à la construction des redoutes; nous avons armé le fort de Saragossé, chassé et débusqué de leurs positions les bandes de l'ennemi qui se promenaient sur la rive gauche de l'Ebre. Bientôt une armée de trente mille hommes, avec une artillerie nombreuse, est venue couper notre ligne, enlever nos convois, et entreprendre de nous envelopper.

C'est dans cette occasion que vous avez prouvé, soldats, ce que peuvent les Français conduits par la confiance ; vous avez triomphé à la bataille de Saragosse ; vous avez enlevé vingt-cinq bouches à feu, des caissons, trois drapeaux, tué ou pris un grand nombre d'hommes. Dans cette journée, le deuxième de la Vistule a montré beaucoup de fermeté, le cent quinzième de ligne et premier de la Vistule beaucoup de vigueur. Le bataillon du cinquième léger et le quatorzième léger ont montré une assurance et une impétuosité au-dessus de tout éloge; le quatrième d'hussards s'est couvert de gloire; les cuirassiers ou douzième ont prouvé qu'ils étaient dignes de prendre rang parmi les vieux régimens de la grande armée; les lanciers polonais ont rivalisé avec eux.

Vous avez poursuivi l'ennemi à grandes marches ; vous avez attaqué le camp retranché de Belchite avec la rapidité de l'éclair ; le cent seizième, le premier de la Vistule et l'artillerie légère se sont particulièrement faits remarquer. Vous avez enfoncé, dispersé cette armée, traversé la ville avec elle, semant partout l'épouvante et la mort. Neuf pièces de canons, les derrières de l'ennemi sont restés en notre pouvoir ; quarante-deux caissons, deux ou trois cents malles, des magasins, habillemens, riz, biscuits, six mille fusils, des milliers de prisonniers, grand nombre de morts ont completé les triomphes de notre campagne. L'ennemi a déjà passé les frontières de l'Aragon.

Soldats ! que de si beaux résultats, obtenus en quatre jours par votre courage, vous apprennent à juger de votre force. Lorsque la confiance en vous-mêmes et la discipline vous conduiront, vous serez toujours invincibles; nous habiterons des camps, nous nous y exercerons; nous formerons les jeunes gens qui courent dans nos rangs, et nous conserverons cette mâle énergie qui constitue les armées françaises; je veillerai à votre bien-être, le pays fournira à votre subsistance; et vous, par votre discipline, vous rendrez la sécurité aux habitans; vous ramenerez à la soumission et à la paix les hommes égarés, victimes de quelques chefs ambitieux et des intrigues anglaises.

EXTRAIT DU NAIN JAUNE.

(Journal des Sciences, des Arts et de la Littérature).

ÉPIGRAMME SUR UN GÉNÉRAL HISTORIEN.

Tour à tour moine et militaire,
Français, Anglais, selon le vent,
Sarrazin a changé souvent
De langage et de caractère,
Et se vendit au plus offrant.
S'il ose encor, par d'infames libelles,
Trahir l'honneur et son pays,
Preux chevaliers n'en soyez pas surpris,
Les Sarrazins sont infidèles.

Par un *Chevalier de Malte.*

FIN.

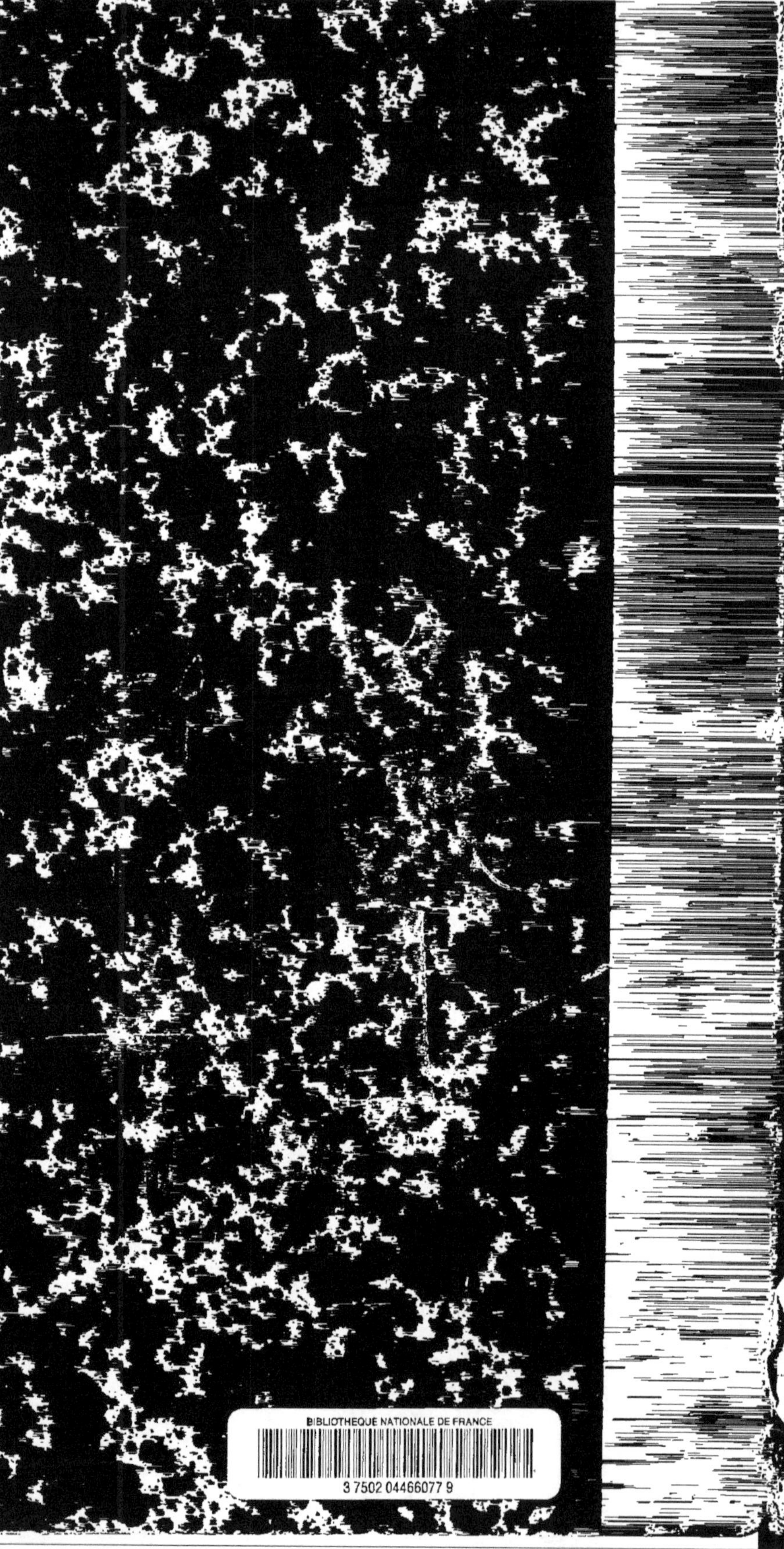

www.ingramcontent.com/pod-product-compliance
Ingram Content Group UK Ltd.
Pitfield, Milton Keynes, MK11 3LW, UK
UKHW020208250726
13967UKWH00003B/1341

9 782013 262019